CATALOGUE

DE LA

FAUNE MALACOLOGIQUE

DE

L'ILE MAURICE

ET DE SES DÉPENDANCES.

CATALOGUE

DE LA

FAUNE MALACOLOGIQUE

DE

L'ILE MAURICE

ET DE SES DÉPENDANCES

COMPRENANT

LES ILES SEYCHELLES, LE GROUPE DE CHAGOS

COMPOSÉ DE DIEGO-GARCIA, SIX-ILES, PEROS-BANHOS, SALOMON, ETC.

L'ILE RODRIGUES
L'ILE DE CARGADOS OU SAINT-BRANDON

PAR

ÉLIZÉ LIÉNARD.

PARIS

LIBRAIRIE F. SAVY
BOULEVARD SAINT-GERMAIN, 77.

—

1877

CATALOGUE

DE LA

FAUNE MALACOLOGIQUE

DE

L'ILE MAURICE

ET DE SES DÉPENDANCES

COMPRENANT

LES ILES SEYCHELLES, LE GROUPE DE CHAGOS

COMPOSÉ DE DIEGO-GARCIA, SIX-ILES, PEROS-BANHOS, SALOMON, ETC.

L'ILE RODRIGUES
L'ILE DE CARGADOS OU SAINT-BRANDON

PAR

ÉLIZÉ LIÉNARD.

PARIS

IMPRIMERIE DE MADAME VEUVE BOUCHARD-HUZARD;

JULES TREMBLAY, GENDRE ET SUCCESSEUR,

RUE DE L'ÉPERON, 5.

1877

PRÉFACE.

En visitant, pour la première fois, il y a environ une dizaine d'années, la collection conchyliologique de M. Elizé Liénard, nous fûmes étonné de la quantité d'espèces de Maurice qu'elle renfermait et qui annonçait une Faune malacologique fort riche, et nous ne pûmes nous empêcher d'appeler l'attention de notre honorable confrère sur les facilités exceptionnelles qu'il aurait pour former une collection spéciale des coquilles de cette île, collection qui présenterait beaucoup d'intérêt pour la science et qui permettrait de combler une lacune regrettable, l'absence d'un Catalogue général des Mollusques de l'île Maurice.

L'île de la Réunion a déjà son Catologue malacologique, publié en 1863 par M. Deshayes dont la science déplore la perte récente (1).

M. Geoffrey Nevill a fait un Mémoire sur les Mollusques terrestres et fluviatiles des Seychelles (2).

(1) *Conchyliologie de l'île de la Réunion* (Bourbon), par G. P. Deshayes, Paris, 1863.

(2) *Additional Note of the Land shells of the Seychelles Islands.* By Geoffrey Nevill (*Proceed. zool. Soc. London*, 1869).

La Faune conchyliologique de l'île Rodrigues a été l'objet d'un travail particulier que nous avons publié en 1874 (1) et auquel M. A. Morelet a ajouté, plus tard, un supplément (2).

Mais en dehors de ce petit nombre de travaux, on ne connaît rien de spécial sur la Faune conchyliologique de Maurice et des îles qui s'y rattachent. Il n'existe guère que des descriptions d'espèces nouvelles, éparses dans les publications périodiques de la France, de l'Angleterre et de l'Inde anglaise.

Pourtant, cette Faune, d'une richesse véritablement exceptionnelle, méritait assurément beaucoup mieux que d'autres, moins intéressantes, les honneurs d'un Catalogue particulier.

Quoi qu'il en soit, M. Liénard ne tarda pas à se décider à laisser momentanément de côté sa collection générale et à concentrer ses efforts sur un seul point, le plus grand développement possible de sa collection de Maurice. Il ne perdit point sa peine, car secondé par des correspondants zélés et intelligents, et grâce à des sacrifices considérables, il arriva au bout de quelques années, à réunir une collection spéciale de Maurice et de ses dépendances, comme il n'en existe assurément pas en France, ni peut-être non plus ailleurs.

(1) *Faune malacologique terrestre et fluviatile de l'île Rodrigues*, par H. Crosse (*Journ. de Conchyliologie*, vol. XXII, p. 221, pl. viii, 1874).

(2) *Appendice à la Conchyliologie de l'île Rodrigues*, par A. Morelet (*Journ. de Conchyliologie*, vol. XXIII, p. 21, pl. i, 1875).

C'est au moment où il s'apprêtait à faire connaître les richesses conchyliologiques de son pays natal, par la publication d'un travail d'ensemble, que l'an dernier, le 13 août 1876, la mort est venue le frapper, interrompant brusquement la tâche à laquelle il s'était voué avec un zèle scientifique si louable et qu'il laissait inachevée.

Madame Liénard, sa veuve, qui depuis plusieurs années, partageait ses travaux d'histoire naturelle, a accepté la pieuse mission de terminer et de faire imprimer l'ouvrage préparé par celui qui avait été ravi si prématurément à son affection et à celle de ses parents et de ses amis.

Une dernière observation nous reste à faire.

Peut-être s'étonnera-t-on de ne pas trouver mentionnées dans le Catalogue plusieurs espèces qui ont été décrites par divers auteurs comme provenant de Maurice ou de ses dépendances. L'intention de M. Liénard a toujours été de n'admettre dans son travail que les espèces qu'il avait reçues directement des localités citées par lui, et sur la détermination desquelles il ne pouvait subsister aucun doute. Il préférait donc omettre quelques espèces, plutôt que de risquer d'en laisser passer de douteuses et de fausser l'exactitude de son Catalogue. Madame Liénard a cru devoir se conformer scrupuleusement à ses intentions à cet égard. Nous ne saurions blâmer cette réserve, si sévère qu'elle puisse paraître, car elle dénote une conscience droite et un esprit préoccupé exclusivement de la recherche de la vérité.

D'ailleurs, le Catalogue de M. Liénard est un premier jalon planté, en vue d'arriver à la connaissance de la Faune malacologique de l'île Maurice et de ses dépendances. D'autres poursuivront son œuvre et la compléteront plus tard s'il y a lieu.

H. Crosse.

CATALOGUE

DE LA

FAUNE MALACOLOGIQUE

DE

L'ILE MAURICE

ET DE SES DÉPENDANCES.

ILE MAURICE.

CÉPHALOPODES.

ACÉTABULIFÈRES.

Genre ARGONAUTA, Linné, 1758.

1. Argonauta tuberculata, Lamarck.
   Hab. Maurice.

TENTACULIFÈRES.

Genre SPIRULA, Lamarck, 1799.

2. Spirula Peroni, Lamarck.
   Hab. Maurice.

GASTÉROPODES.

MURICIDÉS.

Genre MUREX, Linné, 1758.

3. Murex adustus, Lamarck.
   Hab. Maurice.
4. Murex breviculus, Sowerby.
   Hab. Maurice.
5. Murex Capensis, Sowerby.
   Hab. Maurice.
6. Murex clavus, Kiener.
   Hab. Maurice. Trouvé sur l'îlot Barkly.
7. Murex Crossei, Lienard, *Journ. de Conchyl.*, vol.
   XIX, 1871.
   Hab. Maurice. Très-rare.
8. Murex Cumingii, Born.
   Hab. Maurice.
9. Murex fenestratus et var., Chemnitz.
   Hab. Maurice.
10. Murex inflatus, Lamarck; ramosus, Linné.
    Hab. Maurice.
11. Murex nodiliferus, Sowerby.
    Hab. Maurice. Trouvé sur l'îlot Barkly.
12. Murex palma-rosæ, Lamarck.
    Hab. Maurice.
13. Murex rota, Sowerby.
    Hab. Maurice. Très-rare.
14. Murex Saulii, Sowerby.
    Hab. Maurice.
15. Murex tetragonus, Broderip.
    Hab. Maurice.

16. Murex trialatus, Sowerby.
    Hab. Maurice.
17. Murex tripterus, Born.
    Hab. Maurice.
18. Murex unicarius, Lamarck; Capensis, Sowerby.
    Hab. Maurice.

Genre TROPHON, Denys de Montfort, 1810.

19. Trophon ?
    Hab. Maurice.

Genre FUSUS, Lamarck, 1799.

20. Fusus Nicobaricus, Lamarck.
    Hab. Maurice.
21. Fusus oblitus, Reeve.
    Hab. Maurice.
22. Fusus tricularia, Kiener. Très-rare.
    Hab. Maurice.

Sous-genre Pisania.

23. Pisania fasciculata, Reeve.
    Hab. Maurice.
24. Pisania picta, Reeve.
    Hab. Maurice.

Sous-genre Cantharus.

25. Cantharus gracilis, Reeve.
    Hab. Maurice.
26. Cantharus marmoratus et var., Reeve.
    Hab. Maurice.
27. Cantharus Tranquebaricus, Gmelin.
    Hab. Maurice.

PLEUROTOMIDÉS.

Genre PLEUROTOMA, Lamarck, 1799.

28. Pleurotoma abbreviata, Reeve.
    Hab. Maurice.

29. Pleurotoma albovirgulata, Souverbie, *Journ. de Conchyl.*, vol. XVIII, n° 1.
     Hab. Maurice.
30. Pleurotoma Babylonia et var., Lamarck.
     Hab. Maurice.
31. Pleurotoma cingulifera, Lamarck.
     Hab. Maurice. Trouvé sur l'îlot.
32. Pleurotoma spectabilis, Reeve.
     Hab. Maurice.
33. Pleurotoma tigrina, Lamarck.
     Hab. Maurice.
34. Pleurotoma scalata, Souverbie.
     Hab. Maurice.

Sous-genre DRILLIA, Gray, 1838.

35. Drillia albicostata, Sowerby.
     Hab. Maurice.
36. Drillia Barklyensis, H. Adams.
     Hab. Maurice. Trouvé sur l'îlot.
37. Drillia bijubata, Hinds et Reeve.
     Hab. Maurice.
38. Drillia cincta, Lamarck.
     Hab. Maurice.
39. Drillia echinata, Lamarck.
     Hab. Maurice.
40. Drillia mediocris, Deshayes.
     Hab. Maurice.
41. Drillia zebra, Kiener.
     Hab. Maurice.

Genre DAPHNELLA, Hinds, 1844.

42. Daphnella candida, Reeve.
     Hab. Maurice.
43. Daphnella Cumingii, Powis.
     Hab. Maurice.

Sous-genre MANGELIA, Leach, 1826.

44. Mangelia alba, Deshayes.
   Hab. Maurice.
45. Mangelia clandestina, Deshayes.
   Hab. Maurice.
46. Mangelia gracilis, Reeve.
   Hab. Maurice.

Sous-genre CLATHURELLA.

47. Clathurella roseotincta, Montrouzier, *Journ. de Conchyl.*, vol. XXI, 3ᵐᵉ série.
   Hab. Maurice.
48. Clathurella Robillardi, Adams.
   Hab. Maurice.

TRITONIDÉS.

Genre TRITON, Lamarck, 1822.

49. Triton anus, Lamarck.
   Hab. Maurice.
50. Triton aquatile, Reeve.
   Hab. Maurice. Trouvé sur l'îlot.
51. Triton chlorostomum, Lamarck.
   Hab. Maurice. Ilot.
52. Triton clandestinum, Lamarck.
   Hab. Maurice. Ilot.
53. Triton clavator, Lamarck.
   Hab. Maurice.
54. Triton cutaceum, Lamarck.
   Hab. Maurice.
55. Triton eximium, Reeve.
   Hab. Maurice.

56. Triton gemmatum, Reeve.
 Hab. Maurice.

57. Triton gracile, Reeve.
 Hab. Maurice.

58. Triton labiosum, Wood.
 Hab. Maurice.

59. Triton lampas, Linné.
 Hab. Maurice.

60. Triton Loroisii, Petit, *Journ. de Conchyl.*, vol. III,
 1852.
 Hab. Maurice.

61. Triton lotorium, Linné.
 Hab. Maurice. Trouvé sur l'îlot Barkly.

62. Triton maculosum, Gmelin.
 Hab. Maurice.

63. Triton moritinctum, Reeve.
 Hab. Maurice. Trouvé sur l'îlot.

64. Triton mundum, Gould.
 Hab. Maurice.

65. Triton ægrotum, Reeve.
 Hab. Maurice.

66. Triton pileare, Lamarck.
 Hab. Maurice. Trouvé sur l'îlot.

67. Triton pyrum, Lamarck.
 Hab. Maurice.

68. Triton rubeculatum, Lamarck.
 Hab. Maurice.

69. Triton tripus, Lamarck.
 Hab. Maurice. Trouvé sur l'îlot.

70. Triton tuberosum, Sowerby ; albocingulatum, Deshayes.
 Hab. Maurice.

71. Triton variegatum, Lamarck.
 Hab. Maurice. Ilot.

72. Triton vespaceum, Lamarck.
    Hab. Maurice.
73. Triton undosum, Kiener.
    Hab. Maurice.

Sous-genre EPIDROMUS.

74. Epidromus carduus, Reeve.
    Hab. Maurice.
75. Epidromus convolutum, Broderip.
    Hab. Maurice.
76. Epidromus Ceylanensis, Sowerby.
    Hab. Maurice.
77. Epidromus Cumingii, var. du Triton clathratus de
    Sowerby.
    Hab. Maurice.
78. Epidromus decollatus, Sowerby.
    Hab. Maurice.
79. Epidromus decapitatum, Kiener.
    Hab. Maurice. Ilot.
80. Epidromus distortum, Schuhmaker.
    Hab. Maurice.
81. Epidromus lanceolatum, Menke.
    Hab. Maurice.
82. Epidromus nitidulus, Sowerby.
    Hab. Maurice.
83. Epidromus obscurus, Reeve.
    Hab. Maurice.
84. Epidromus sculptilis, Reeve.
    Hab. Maurice.
85. Epidromus Sowerbyi, Reeve.
    Hab. Maurice.
86. Epidromus testatus, Mawe.
    Hab. Maurice.

Genre RANELLA, Lamarck, 1812.

87. Ranella affinis, Broderip ; granifera, Kiener.
Hab. Maurice.

88. Ranella anceps, Lamarck.
Hab. Maurice.

89. Ranella Bergeri, — ? —, voisine de la Ranella rhodostoma.
Hab. Maurice.

90. Ranella buffonia, Lamarck.
Hab. Maurice.

91. Ranella cruentata, Sowerby.
Hab. Maurice.

92. Ranella crumena, Lamarck.
Hab. Maurice.

93. Ranella granifera, Kiener.
Hab. Maurice.

94. Ranella lampas, Lamarck.
Hab. Maurice.

95. Ranella livida, Reeve, var. de la Ranella granifera de Kiener.
Hab. Maurice.

96. Ranella ponderosa, Reeve.
Hab. Maurice.

97. Ranella pusilla et var., Broderip.
Hab. Maurice.

98. Ranella rhodostoma, Beck.
Hab. Maurice.

99. Ranella spinosa, Lamarck.
Hab. Maurice.

100. Ranella siphonata, Reeve.
Hab. Maurice.

101. Ranella tuberculata, Lamarck.
Hab. Maurice.

102. Ranella tuberosissima, Reeve.
Hab. Maurice.

BUCCINIDÉS.

Genre BUCCINUM, Linné, 1767.

103. Buccinum crenulatum, Bruguières.
Hab. Maurice.
104. Buccinum olivaceum, Bruguières.
Hab. Maurice.
105. Buccinum proteus, Reeve.
Hab. Maurice.
106. Buccinum undulosum, Linné.
Hab. Maurice.

Genre PHOS, Montfort, 1840.

107. Phos roseatus, Hinds.
Hab. Maurice.

Genre CYLLENE, Gray, 1833.

108. Cyllene striata, A. Adams.
Hab. Maurice.

Genre NASSA, Lamarck, 1799.

109. Nassa arcularia, Linné.
Hab. Maurice.
110. Nassa acinosa, Gould.
Hab. Maurice.
111. Nassa cancellata, A. Adams.
Hab. Maurice.
112. Nassa concinna, A. Adams.
Hab. Maurice.

113. Nassa compta, A. Adams.
Hab. Maurice.
114. Nassa coronata, Bruguières.
Hab. Maurice.
115. Nassa dermestina, Gould.
Hab. Maurice.
116. Nassa elegans, Kiener.
Hab. Maurice.
117. Nassa fasciata, Quoy et Gaimard.
Hab. Maurice.
118. Nassa horrida, Dunker.
Hab. Maurice.
119. Nassa Kieneri, Deshayes.
Hab. Maurice.
120. Nassa muricata, Quoy et Gaimard.
Hab. Maurice.
121. Nassa ornata, Deshayes.
Hab. Maurice.
122. Nassa picta, Dunker.
Hab. Maurice.
123. Nassa punctata, Adams.
Hab. Maurice.
124. Nassa sertula, Adams.
Hab. Maurice.
125. Nassa suturalis, Lamarck.
Hab. Maurice.

PURPURIDÉS.

Genre PURPURA, Bruguières, 1789.

126. Purpura cataracta, Lamarck.
Hab. Maurice.
127. Purpura cingulata, Lamarck.
Hab. Maurice.

128. Purpura elata, Blainville.
>> *Hab*. Maurice.

129. Purpura exarata, Pease; Rhizochilus coralliophilus,
>> Adams.
>> *Hab*. Maurice.

130. Purpura fiscella et var., Lamarck.
>> *Hab*. Maurice.

131. Purpura hippocastanum et var., Kiener; plicata,
>> Lamarck.
>> *Hab*. Maurice.

132. Purpura hæmastoma, Lamarck.
>> *Hab*. Maurice.

133. Purpura intermedia, Kiener.
>> *Hab*. Maurice.

134. Purpura muricina, Blainville.
>> *Hab*. Maurice.

135. Purpura Persica, Lamarck.
>> *Hab*. Maurice.

136. Purpura sertum, Lamarck.
>> *Hab*. Maurice.

137. Purpura sidera, Reeve.
>> *Hab*. Maurice.

138. Purpura squamulosa, Deshayes.
>> *Hab*. Maurice.

Sous-genre VEXILLA.

139. Vexilla vexillum, Lamarck.
>> *Hab*. Maurice.

140. Vexilla tæniata, Powis.
>> *Hab*. Maurice. Parasite de l'Oursin à longues
>> épines.

Genre RICINULA, Lamarck, 1812.

141. Ricinula albolabris, Blainville ; arachnoïdes, Lamarck.
Hab. Maurice.
142. Ricinula anaxares, Duclos.
Hab. Maurice.
143. Ricinula biconica, Blainville.
Hab. Maurice.
144. Ricinula lobata, Blainville.
Hab. Maurice.
145. Ricinula morus, Blainville.
Hab. Maurice.
146. Ricinula mutica, Lamarck.
Hab. Maurice.
147. Ricinula ochrostoma, Blainville.
Hab. Maurice.
148. Ricinula porphyrostoma, Reeve.
Hab. Maurice.

CORALLIOPHILIDÉS.

Genre RHIZOCHILUS, Steenstrup, 1850.

149. Rhizochilus clathratus, A. Adams.
Hab. Maurice.

Genre CORALLIOPHILA, H. et A. Adams, 1835.

150. Coralliophila costularis, Blainville ; Murex costula -
ris, Lamarck.
Hab. Maurice.
151. Coralliophila madreporarum, Sowerby.
Hab. Maurice.

152. Coralliophila neritoidea et var., Lamarck.
Hab. Maurice.

Genre LEPTOCONCHUS, Ruppel, 1834.

153. Leptoconchus Cuvieri, Deshayes.
Hab. Maurice.
154. Leptoconchus Cumingii et var., Deshayes.
Hab. Maurice.
155. Leptoconchus Lamarckii, Deshayes.
Hab. Maurice.
156. Leptoconchus Robillardi, Lienard, *Journ. de Conchyl*., 1871.
Hab. Maurice.
157. Leptoconchus striatus, Ruppel.
Hab. Maurice.

Genre MAGILUS, Montfort, 1810.

158. Magilus antiquus, Montfort.
Hab. Maurice.

Genre OLIVA, Bruguières, 1789.

159. Oliva episcopalis, Lamarck ; cœrulea, Bolten.
Hab. Maurice.
160. Oliva carneola, Martini.
Hab. Maurice.
161. Oliva Caroliniana, Duclos.
Hab. Maurice. Un seul trouvé sur l'ilot.
162. Oliva emicator, Meuschen ; cruenta, Solander ; guttata, Lamarck.
Hab. Maurice.
163. Oliva irisans, Lamarck.
Hab. Maurice.
164. Oliva hispidula, Linné.
Hab. Maurice.

165. Oliva lepida, Duclos.
Hab. Maurice.
166. Oliva Macleyana, Duclos.
Hab. Maurice.
167. Oliva maura, Lamarck.
Hab. Maurice.
168. Oliva Mauritiana, Martini.
Hab. Maurice.
169. Oliva nitidula, Duclos.
Hab. Maurice.
170. Oliva Oriola, Duclos; brunnea, Marrat.
Hab. Maurice.
171. Oliva ponderosa, Duclos.
Hab. Maurice.
172. Oliva porphyritica, Martini.
Hab. Maurice.
173. Oliva tremulina, Lamarck.
Hab. Maurice.

Genre ANCILLARIA, Lamarck, 1811.

174. Ancillaria ovalis, Sowerby.
Hab. Maurice.

Genre FASCIOLARIA, Lamarck, 1799.

175. Fasciolaria filamentosa et var., Lamarck.
Hab. Maurice.
176. Fasciolaria princeps, Sowerby.
Hab. Maurice. Trouvé sur l'îlot.
177. Fasciolaria trapezium, Lamarck.
Hab. Maurice.

Genre TURBINELLA, Lamarck, 1799.

178. Turbinella aspera, Gmelin.
Hab. Maurice.

179. Turbinella (Latirus) carinifera, Lamarck.
    Hab. Maurice.
180. Turbinella (Latirus) craticulata, Lamarck.
    Hab. Maurice.
181. Turbinella (Scolymus) cornigera, Lamarck.
    Hab. Maurice.
182. Turbinella (Latirus) gracilis, **Reeve**.
    Hab. Maurice.
183. Turbinella (Latirus) incarnata, Deshayes ; marque-
    sasana, A. Adams.
    Hab. Maurice.
184. Turbinella (Latirus) nassatula (2 var.), Lamarck.
    Hab. Maurice.
185. Turbinella (Latirus) nodosa, — ? —.
    Hab. Maurice.
186. Turbinella Noumeensis, Crosse, *Journ. de Conchyl.*,
    t. II, 1871.
    Hab. Maurice.
187. Turbinella (Latirus) polygona, Lamarck.
    Hab. Maurice.
188. Turbinella (Latirus) ocellata, Lamarck.
    Hab. Maurice.
189. Turbinella (Latirus) rustica, Lamarck.
    Hab. Maurice.
190. Turbinella (Latirus) turrita, Deshayes ; lineata, La-
    marck.
    Hab. Maurice.

VOLUTIDÉS.

Genre MITRA, Lamarck, 1799.

191. Mitra Adansoni, Gray.
    Hab. Maurice.

192. Mitra acuminata, Swainson; lutea, Quoy et Gaimard.
Hab. Maurice.

193. Mitra acupicta, Reeve.
Hab. Maurice.

194. Mitra alauda, Quoy.
Hab. Maurice.

195. Mitra annulata, Reeve; nitens, Kiener.
Hab. Maurice.

196. Mitra angulosa, Küster.
Hab. Maurice.

197. Mitra aurantia, Gmelin; Peroni, Lamarck.
Hab. Maurice.

198. Mitra auriculoides, Reeve.
Hab. Maurice.

199. Mitra aureolata, Swainson; venustula, flavescens affinis, Reeve.
Hab. Maurice.

200. Mitra Barclayi, Hanley.
Hab. Maurice.

201. Mitra bilineata, Reeve.
Hab. Maurice.

202. Mitra brumalis, Reeve.
Hab. Maurice.

203. Mitra cadaverosa, Reeve.
Hab. Maurice.

204. Mitra cancellata, Swainson.
Hab. Maurice.

205. Mitra candida, Reeve.
Hab. Maurice.

206. Mitra carinilirata, Souverbie; rubiginea, A. Adams.
Hab. Maurice.

207. Mitra cardinalis, Gronovius.
Hab. Maurice.

208. Mitra Cernica, Sowerby.
    Hab. Maurice.
209. Mitra cineracea, Reeve; Judæorum, Born.
    Hab. Maurice.
210. Mitra circulata, Kiener.
    Hab. Maurice. Ilot.
211. Mitra chrysostoma, Swainson.
    Hab. Maurice. Ilot.
212. Mitra clathrata, Reeve.
    Hab. Maurice.
213. Mitra coffea, Schubner et Wagner.
    Hab. Maurice.
214. Mitra compta, A. Adams.
    Hab. Maurice.
215 Mitra concentrica, Reeve ; mucronata, Swainson.
    Hab. Maurice.
216. Mitra coronata, Chemnitz.
    Hab. Maurice.
217. Mitra corbicula, Sowerby.
    Hab. Maurice.
218. Mitra crebrilineata, Sowerby.
    Hab. Maurice.
219. Mitra crebrilirata, Reeve; rosea, Duclos.
    Hab. Maurice.
220. Mitra crenulata, Chemnitz.
    Hab. Maurice.
221. Mitra crocata et var., Lamarck.
    Hab. Maurice.
222. Mitra cucumerina, Lamarck.
    Hab. Maurice.
223. Mitra Cumingii, Reeve.
    Hab. Maurice.
224. Mitra Desetangsii, Kiener ; variegata, Reeve.
    Hab. Maurice.

225. Mitra Deshayesi, Reeve.
>   *Hab*. Maurice.

226. Mitra digitalis, Chemnitz; millepora, Lamarck.
>   *Hab*. Maurice.

227. Mitra dibaphiformis, Sowerby; Mauritia Barclayi, H. Adams.
>   *Hab*. Maurice. Trouvé la première fois, sur l'îlot Barkly.

228. Mitra edentulus (Dibaphus), Swainson.
>   *Hab*. Maurice.

229. Mitra exasperata, Chemnitz; torulosa, Lamarck; corrugata, Wood.
>   *Hab*. Maurice.

230. Mitra episcopalis, Linné.
>   *Hab*. Maurice.

231. Mitra eximia, A. Adams.
>   *Hab*. Maurice.

232. Mitra ferruginea, Lamarck.
>   *Hab*. Maurice.

233. Mitra filum, Wood.
>   *Hab*. Maurice.

234. Mitra fissurata, Lamarck.
>   *Hab*. Maurice.

235. Mitra filosa et var., Lamarck.
>   *Hab*. Maurice.

236. Mitra flammea, Quoy et Gaimard.
>   *Hab*. Maurice.

237. Mitra fraga, Quoy et Gaimard; peregra, Reeve.
>   *Hab*. Maurice.

238. Mitra fulvescens, Swainson.
>   *Hab*. Maurice.

239. Mitra fulva, Swainson; coffea, Schubner et Wagner.
>   *Hab*. Maurice.

240. Mitra glans, Reeve.
 Hab. Maurice.
241. Mitra harpæformis, Lamarck.
 Hab. Maurice.
242. Mitra interlirata, Reeve.
 Hab. Maurice.
243. Mitra luctuosa, A. Adams.
 Hab. Maurice.
244. Mitra litterata, Lamarck.
 Hab. Maurice.
245. Mitra lyrata, Lamarck.
 Hab. Maurice.
246. Mitra marmorata, Swainson; conica, Schubner et
 Wagner.
 Hab. Maurice.
247. Mitra mediomaculata, Sowerby.
 Hab. Maurice.
248. Mitra Michaudi, Crosse et Fischer.
 Hab. Maurice.
249. Mitra Michelini, Petit, *Mag. zool.*
 Hab. Maurice.
250. Mitra mirabilis, A. Adams.
 Hab. Maurice.
251. Mitra modesta, Reeve.
 Hab. Maurice.
252. Mitra mucronata, Swainson; concentrica, Reeve.
 Hab. Maurice.
253. Mitra muriculata, Lamarck.
 Hab. Maurice.
254. Mitra nassoïdes, Sowerby.
 Hab. Maurice.
255. Mitra nebulosa, Swainson.
 Hab. Maurice.

256. Mitra nitens, Kiener; annulata, Reeve.
Hab. Maurice.

257. Mitra nodosa, Reeve.
Hab. Maurice.

258. Mitra nucea, Gronovius; olivaria, Lamarck.
Hab. Maurice.

259. Mitra obeliscus, Reeve.
Hab. Maurice.

260. Mitra oleacea, Reeve.
Hab. Maurice.

261. Mitra Osiridis, Issel.
Hab. Maurice.

262. Mitra papalis, Linné.
Hab. Maurice.

263. Mitra pardalis, Küster.
Hab. Maurice.

264. Mitra paupercula, Linné.
Hab. Maurice.

265. Mitra paligera, Sowerby.
Hab. Maurice.

266. Mitra patriarchalis, Lamarck.
Hab. Maurice.

267. Mitra pellis-serpentis, Reeve.
Hab. Maurice.

268. Mitra Pharaonis, H. Adams.
Hab. Maurice.

269. Mitra purpurata, Reeve.
Hab. Maurice.

270. Mitra rigida, Swainson.
Hab. Maurice.

271. Mitra Rossiæ, Reeve; tessellata, Swainson; ornata, Kiener.
Hab. Maurice.

272. Mitra rotundolirata, Reeve.
    Hab. Maurice.

273. Mitra rugosa, Reeve.
    Hab. Maurice.

274. Mitra rubiginea, A. Adams, *Proceedings*, 1854;
    carinilirata, Souverbie, *Journ. Conchyl.*, 1871.
    Hab. Maurice.

275. Mitra sanguinolenta, Sowerby.
    Hab. Maurice.

276. Mitra semirosea, Sowerby.
    Hab. Maurice.

277. Mitra Sinensis, Reeve; crenulata, Kiener.
    Hab. Maurice.

278. Mitra scabriuscula, Linné; granatina, Lamarck.
    Hab. Maurice.

279. Mitra speciosa, Reeve.
    Hab. Maurice.

280. Mitra sphærulata, Martyns.
    Hab. Maurice.

281. Mitra Solandri, Reeve.
    Hab. Maurice.

282. Mitra stigmataria, Lamarck; granosa, Chemnitz.
    Hab. Maurice.

283. Mitra striatula, Sowerby.
    Hab. Maurice.

284. Mitra subquadrata, Sowerby.
    Hab. Maurice.

285. Mitra tabanula, Lamarck.
    Hab. Maurice.

286. Mitra terebralis, Lamarck.
    Hab. Maurice.

287. Mitra texturata, Lamarck.
    Hab. Maurice.

288. Mitra Ticaonica, Reeve.
    Hab. Maurice.
289. Mitra tigrina, A. Adams.
    Hab. Maurice.
290. Mitra tiarella, Swainson.
    Hab. Maurice.
291. Mitra tæniata, Lamarck.
    Hab. Maurice.
292. Mitra tuberosa, Reeve.
    Hab. Maurice.
293. Mitra turben, Reeve.
    Hab. Maurice.
294. Mitra turgida, Reeve.
    Hab. Maurice.
295. Mitra tusa, Reeve.
    Hab. Maurice.
296. Mitra typha, Reeve.
    Hab. Maurice.
297. Mitra umbonata, Sowerby.
    Hab. Maurice.
298. Mitra Vanikoroensis, Quoy et Gaimard.
    Hab. Maurice.
299. Mitra variegata, Reeve.
    Hab. Maurice.
300. Mitra venustula, flavescens, affinis, Reeve ; aureolata, Swainson.
    Hab. Maurice.
301. Mitra zephirina, Duclos.
    Hab. Maurice.

Genre **MARGINELLA**, Lamarck, 1799.

302. Marginella amydala, Kiener.
    Hab. Maurice.

303. Marginella borbonica, Jousseaume.
    Hab. Maurice.
304. Marginella crassilabrum, Sowerby.
    Hab. Maurice.
305. Marginella Delessertiana, Recluz.
    Hab. Maurice.
306. Marginella fusiformis, Hinds.
    Hab. Maurice.
307. Marginella stipon, Adanson.
    Hab. Maurice.
308. Marginella serrata, Gaskoin.
    Hab. Maurice.
309. Marginella (giberula) asselina, Jousseaume, *Mag. zool.*, 1875.
    Hab. Maurice.
310. Marginella (serrata) Lienardi, Jousseaume, *Mag. zool.*, 1875.
    Hab. Maurice.
311. Marginella (closia) Manceli, Jousseaume, *Mag. zool.*, 1875.
    Hab. Maurice.
312. Marginella (closia) paros, Jousseaume, *Mag. zool.*, 1875.
    Hab. Maurice.

Genre ERATO, Risso, 1826.

313. Erato nana, Duclos.
    Hab. Maurice.

Genre COLUMBELLA, Lamarck, 1799.

314. Columbella arenosa, Kiener ; bidentata, Menke.
    Hab. Maurice.
315. Columbella azora, Duclos.
    Hab. Maurice.

316. Columbella fulgurans, Lamarck.
    Hab. Maurice.
317. Columbella ligula, Duclos.
    Hab. Maurice.
318. Columbella lumbricus, Reeve.
    Hab. Maurice.
319. Columbella mendicaria, Lamarck.
    Hab. Maurice.
320. Columbella mercatoria, Lamarck.
    Hab. Maurice.
321. Columbella puella, Sowerby.
    Hab. Maurice.
322. Columbella rustica, Lamarck.
    Hab. Maurice.
323. Columbella stipon, Adanson.
    Hab. Maurice.
324. Columbella turturina, Lamarck.
    Hab. Maurice.
325. Columbella undata et var., Duclos.
    Hab. Maurice.

Genre HARPA, Lamarck, 1799.

326. Harpa Cabriti, Fischer, *Journ. de Conchyl.*, t. VIII, 1860.
    Hab. Maurice, très-rare.
327. Harpa crassa,
    Hab. Maurice.
328. Harpa conoïdalis, Lamarck.
    Hab. Maurice.
329. Harpa imperialis, Lamarck.
    Hab. Maurice.
330. Harpa minor, Lamarck.
    Hab. Maurice.

331. Harpa rosea, Lamarck.
    Hab. Maurice.
332. Harpa ventricosa, Lamarck.
    Hab. Maurice.

Genre CASSIS, Lamarck, 1799.

333. Cassis areola, Bruguières.
    Hab. Maurice.
334. Cassis cornuta, Bruguières.
    Hab. Maurice.
335. Cassis erinaceus, Bruguières, var. de vibex, voir
    Kiéner.
    Hab. Maurice.
336. Cassis rufa, Bruguières.
    Hab. Maurice.
337. Cassis vibex, Bruguières.
    Hab. Maurice.
338. Cassis Zelanica, Lamarck.
    Hab. Maurice.

DOLIIDÉS.

Genre DOLIUM, Lamarck, 1801.

339. Dolium olearium et var., Lamarck.
    Hab. Maurice.
340. Dolium pomum, Lamarck.
    Hab. Maurice.
341. Dolium perdix, Lamarck.
    Hab. Maurice.

Genre FICUS, Rousseau, 1846.

342. Ficus papyracea, Lamarck.
    Hab. Maurice.

Genre MARSENIA, Leach, 1859.

343. Marsenia Berghi, Deshayes.
Hab. Maurice.

Genre NATICA, Adanson, 1757.

344. Natica albula, Recluz ; Virginea, Philippi.
Hab. Maurice.

345. Natica avellana, Philippi.
Hab. Maurice.

346. Natica areolata, Recluz.
Hab. Maurice.

347. Natica Antoni, Philippi.
Hab. Maurice.

348. Natica Cernica, Jousseaume, *Revue zool.*, 1874.
Hab. Maurice.

349. Natica Colliei, Recluz.
Hab. Maurice.

350. Natica Gualteriana, Recluz ; tessellata, Philippi.
Hab. Maurice.

351. Natica Hebræa, Philippi.
Hab. Maurice.

352. Natica mamilla, Lamarck.
Hab. Maurice.

353. Natica Manceli, Jousseaume, *Revue zool.*, 1874.
Hab. Maurice.

354. Natica mamillaris. Lamarck.
Hab. Maurice.

355. Natica maroccana, Chemnitz même que Marochensis.
Hab. Maurice.

356. Natica melanostoma, Lamarck.
Hab. Maurice.

357. Natica Priamus, Recluz.
Hab. Maurice.

358. Natica pyriformis, Recluz.
    Hab. Maurice.
359. Natica simiæ, Deshayes.
    Hab. Maurice.
360. Natica violacea, Sowerby.
    Hab. Maurice.
361. Natica viridis, Philippi.
    Hab. Maurice.

Genre SIGARETUS, Lamarck, 1801.

362. Sigaretus.
    Hab. Maurice.

Genre SCALARIA, Lamarck, 1801.

363. Scalaria clathrus, Linné.
    Hab. Maurice.
364. Scalaria coronata, Lamarck.
    Hab. Maurice.
365. Scalaria fasciata, Sowerby.
    Hab. Maurice.
366. Scalaria Georgettina, Kiener.
    Hab. Maurice.
367. Scalaria lamellosa, Lamarck.
    Hab. Maurice.
368. Scalaria laxata, Sowerby.
    Hab. Maurice.
369. Scalaria marmorata, Sowerby.
    Hab. Maurice.
370. Scalaria multicostata, Sowerby.
    Hab. Maurice.
371. Scalaria Pallasii, Kiener.
    Hab. Maurice.
372. Scalaria varicosa, Lamarck.
    Hab. Maurice.

Genre TEREBRA, Bruguières, 1789.

373. Terebra Babylonia, Lamarck.
Hab. Maurice.
374. Terebra cerithina, Lamarck.
Hab. Maurice.
375. Terebra cingulifera, Lamarck.
Hab. Maurice.
376. Terebra chlorata, Lamarck.
Hab. Maurice.
377. Terebra cœrulescens?
Hab. Maurice.
378. Terebra crenulata, Lamarck.
Hab. Maurice.
379. Terebra cuspidata, Hinds.
Hab. Maurice.
380. Terebra duplicata, Lamarck.
Hab. Maurice.
381. Terebra dimidiata, Lamarck.
Hab. Maurice.
382. Terebra hastata, Kiener.
Hab. Maurice.
383. Terebra Lamarckiana, Kiener.
Hab. Maurice.
384. Terebra lanceolata, Lamarck.
Hab. Maurice.
385. Terebra ligata, Hinds.
Hab. Maurice.
386. Terebra lævigata, Gray.
Hab. Maurice.
387. Terebra maculata, Linné.
Hab. Maurice.
388. Terebra muscaria, Lamarck.
Hab. Maurice.

389. Terebra oculata, Lamarck.
Hab. Maurice.
390. Terebra raphanula, Lamarck.
Hab. Maurice.
391. Terebra strigilata, Lamarck.
Hab. Maurice.
392. Terebra subulata, Lamarck.
Hab. Maurice.
393. Terebra tigrina, Gray.
Hab. Maurice.
394. Terebra venosa, Hinds.
Hab. Maurice.

Genre PYRAMIDELLA, Lamarck, 1796.

395. Pyramidella variegata, Adams.
Hab. Maurice.

Genre OBELISCUS, Humfrey, 1797.

396. Obeliscus terebellum, Muller.
Hab. Maurice.
397. Obeliscus teres, A. Adams.
Hab. Maurice.

Genre EULIMA, Risso, 1826.

398. Eulima acuta, Sowerby.
Hab. Maurice.
399. Eulima Cumingii, A. Adams.
Hab. Maurice.
400. Eulima flexuosa, A. Adams.
Hab. Maurice.
401. Eulima hastata, Sowerby.
Hab. Maurice.
402. Eulima inflexa, Deshayes.
Hab. Maurice.

403. Eulima laita, A. Adams.
     Hab. Maurice.
404. Eulima major, Sowerby.
     Hab. Maurice. Ilot Barkly.

Genre LEIOSTRACA, H. et A. Adams, 1853.

405. Leiostraca Metcalfi, Adams.
     Hab. Maurice.
406. Leiostraca ?
     Hab. Maurice.

Genre STYLIFER, Broderip, 1832.

407. Stylifer subulatus, Broderip.
     Hab. Maurice.

Genre STYLINA, Gray, 1851.

408. Stylina Cumingii, A. Adams.
     Hab. Maurice.
409. Stylina exarata, A. Adams.
     Hab. Maurice.
410. Stylina subangulata, A. Adams.
     Hab. Maurice.

Genre SOLARIUM, Lamarck, 1799.

411. Solarium cingulum, Kiener.
     Hab. Maurice.
412. Solarium Chemnitzii, Kiener.
     Hab. Maurice.
413. Solarium hybridum, Lamarck.
     Hab. Maurice.
414. Solarium perspectivum, Lamarck.
     Hab. Maurice.
415. Solarium trochoïdes, Deshayes.
     Hab. Maurice.

446. Solarium variegatum, Lamarck.
    Hab. Maurice.

CONIDÉS.

Genre CONUS, Linné, 1758.

417. Conus abbas, Bruguières.
    Hab. Maurice.
418. Conus amiralis-coronatus, Blainville, archithalassus,
    Sowerby.
    Hab. Maurice.
419. Conus arenatus, Lamarck.
    Hab. Maurice.
420. Conus archiepiscopus, Bruguières.
    Hab. Maurice.
421. Conus articulatus, Sowerby.
    Hab. Maurice.
422. Conus atramentosus, Reeve.
    Hab. Maurice.
423. Conus aulicus, Linné.
    Hab. Maurice.
424. Conus auratus, Bruguières.
    Très-rare à Maurice:
425. Conus betulinus, Linné.
    Hab. Maurice.
426. Conus Borbonicus, H. Adams, *Proceedings*, t. XXXIII,
    1868.
    Hab. Maurice.
427. Conus bullatus, Linné.
    Très-rare à Maurice.
428. Conus capitaneus, Linné.
    Hab. Maurice.
429. Conus catus, Bruguières.
    Hab. Maurice.

430. Conus Cernicus, H. Adams.
Hab. Maurice.

431. Conus Ceylanensis, Bruguières.
Hab. Maurice.

432. Conus citrinus, Gmelin; non Kiener.
Hab. Maurice.

433. Conus clavus, Linné.
Hab. Maurice.

434. Conus colubrinus, Lamarck.
Hab. Maurice.

435. Conus cylindraceus, Broderip.
Hab. Maurice.

436. Conus distans, Bruguières.
Hab. Maurice.

437. Conus elongatus, Reeve.
Hab. Maurice.

438. Conus encaustus, Kiener.
Hab. Maurice.

439. Conus episcopus, Bruguières.
Hab. Maurice.

440. Conus fuscatus, Reeve.
Hab. Maurice.

441. Conus festivus, Chemnitz; amabilis, Lamarck,
Hab. Maurice.

442. Conus flavidus, Lamarck.
Hab. Maurice.

443. Conus flavidus var., Kiener. Icon. des coquilles vi-
vantes, pl. cvi, fig. 2.
Hab. Maurice.

444. Conus floccatus, var., Sowerby.
Hab. Maurice.

445. Conus fumigatus, Bruguières; incarnatus, Reeve.
Hab. Maurice.

446. **Conus geographus, Linné.**
    Hab. Maurice.
447. **Conus generalis, Linné.**
    Hab. Maurice.
448. **Conus glans, Bruguières.**
    Hab. Maurice.
449. **Conus gubernator, Bruguières.**
    Hab. Maurice.
450. **Conus Ebrœus, Linné.**
    Hab. Maurice.
451. **Conus Hewassi, Adams; Interruptus, Mawe.**
    Hab. Maurice.
452. **Conus imperialis, Linné.**
    Hab. Maurice.
453. **Conus Janus, Bruguières.**
    Hab. Maurice.
454. **Conus Julii, Lienard,** *Journ. de Conchyl.*, 1871.
    Hab. Maurice. Trouvé pour la première fois
        sur l'îlot après le raz-de-marée qui a formé
        cet îlot.
455. **Conus lividus, Bruguières.**
    Hab. Maurice.
456. **Conus litteratus, Linné.**
    Hab. Maurice.
457. **Conus lineatus, Chemnitz.**
    Hab. Maurice.
458. **Conus lithoglyphus, Bruguières.**
    Hab. Maurice.
459. **Conus lævigatus, Sowerby.**
    Hab. Maurice.
460. **Conus Madagascariensis, Sowerby.**
    Hab. Maurice.
461. **Conus Maldivus, Bruguières.**
    Hab. Maurice.

462. Conus magus, Linné ; très-rare.
Hab. Maurice.

463. Conus miliaris, Bruguières.
Hab. Maurice.

464. Conus miles, Linné.
Hab. Maurice.

465. Conus minimus, Linné.
Hab. Maurice.

466. Conus mitratus et var., Bruguières.
Hab. Maurice.

467. Conus millepunctatus, Lamarck.
Hab. Maurice.

468. Conus monile, Bruguières.
Hab. Maurice.

469. Conus mustellinus, Bruguières.
Hab. Maurice.

470. Conus musicus, var., Bruguières.
Hab. Maurice.

471. Conus nanus, Broderip.
Hab. Maurice.

472. Conus nemocanus, Bruguières.
Hab. Maurice.

473. Conus nussatella, Linné.
Hab. Maurice.

474. Conus nucleus, Reeve.
Très-rare à Maurice.

475. Conus obscurus, Humphrey.
Hab. Maurice.

476. Conus pennaceus, Lamarck.
Hab. Maurice.

477. Conus pertusus, Lamarck.
Hab. Maurice.

478. Conus planorbis, Born ; Vulpinus, Bruguières.
    Hab. Maurice.

479. Conus planaxis, Deshayes. Très-rare.
    Hab. Maurice.

480. Conus plumbeus, Reeve.
    Hab. Maurice.

481. Conus pontificalis, Lamarck.
    Hab. Maurice.

482. Conus pupæformis, Sowerby ; Mitratus, Bruguières.
    Hab. Maurice, trouvé sur l'îlot.

483. Conus puncturatus, Bruguières.
    Hab. Maurice.

484. Conus pusillus ; Chemnitz.
    Hab. Maurice.

485. Conus pulicarius, Bruguières
    Hab. Maurice.

486. Conus pyramidalis, Lamarck.
    Hab. Maurice.

487. Conus quercinus, Bruguières.
    Hab. Maurice.

488. Conus rattus, Bruguières.
    Hab. Maurice.

489. Conus rubiginosus, Lamarck.
    Hab. Maurice.

490. Conus scriptus, Sowerby.
    Hab. Maurice.

491. Conus solidus, Sowerby.
    Hab. Maurice.

492. Conus splendidulus, Sowerby.
    Hab. Maurice.

493. Conus sponsalis, Chemnitz.
    Hab. Maurice.

494. Conus spirogloxus, Deshayes; Conus generalis, junior, Sowerby.
    Hab. Maurice.

495. **Conus striatus, Linné.**
Hab. Maurice.

496. **Conus stercus-muscarum, Linné.**
Hab. Maurice.

497. **Conus sugillatus, Reeve.**
Hab. Maurice.

498. **Conus sulphureus, Kiener; Capitaneus junior, So-**
werby.
Hab. Maurice.

499. **Conus Taheitensis, Bruguières.**
Hab. Maurice.

500. **Conus tenuisulcatus, Sowerby.**
Hab. Maurice.

501. **Conus telatus, Reeve.**
Hab. Maurice.

502. **Conus tessellatus, Born.**
Hab. Maurice.

503. **Conus tendineus, Bruguières.**
Hab. Maurice.

504. **Conus textile, Linné.**
Hab. Maurice.

505. **Conus terebellum, Martyns.**
Hab. Maurice.

506. **Conus tenuistriatus, Sowerby.**
Hab. Maurice.

507. **Conus tigrinus, Sowerby.**
Hab. Maurice.

508. **Conus tulipa, Linné.**
Hab. Maurice.

509. **Conus varius, Linné.**
Hab. Maurice.

510. **Conus vexillum, Bruguières.**
Hab. Maurice.

511. **Conus verriculum, Reeve.**
Hab. **Maurice.**

512. Conus vermiculatus, Lamarck
Hab. Maurice.
513. Conus virgo, Linné.
Hab. Maurice.

Genre DIBAPHUS, Philippi, 1847.

514. Dibaphus edentulus, Philippi.
Hab. Maurice.

STROMBIDÉS, d'Orbigny.

Genre STROMBUS, Linné, 1740.

515. Strombus auris-Dianæ, Linné.
Hab. Maurice.
516. Strombus elegans, Sowerby.
Hab. Maurice.
517. Stombus floridus, Lamarck; mutabilis, Swainson.
Hab. Maurice.
518. Strombus gibberulus et var., Linné.
Hab. Maurice.
519. Strombus hæmastoma, Sowerby.
Hab. Maurice.
520. Strombus lentiginosus, Linné.
Hab. Maurice.
521. Strombus luhuanus, Linné.
Hab. Maurice.
522. Strombus   Mauritianus,   Lamarck;   cylindraceus,
Swainson.
Hab. Maurice.
523. Strombus papilio, Chemnitz.
Hab. Maurice.
524. Strombus plicatus, Lamarck.
Hab. Maurice.

525. Strombus tridentatus, Gmelin.
    Hab. Maurice.

Genre PTEROCERA, Lamarck, 1799.

526. Pterocera elongata, Swainson.
    Hab. Maurice.
527. Pterocera lambis et var., Linné.
    Hab. Maurice.
528. Pterocera rugosum, Sowerby.
    Hab. Maurice.
529. Pterocera scorpio, Linné.
    Hab. Maurice.

CYPRÆIDÉS.

Genre CYPRÆA, Linné, 1740.

530. Cypræa Adansoni, Gray.
    Hab. Maurice.
531. Cypræa annulata, Gray.
    Hab. Maurice.
532. Cypræa annulus, Linné.
    Hab. Maurice.
533. Cypræa Argus, Linné.
    Hab. Maurice.
534. Cypræa arabicula, Lamarck.
    Hab. Maurice.
535. Cypræa asellus, Linné.
    Hab. Maurice.
536. Cypræa atomaria, Gmelin ; punctata, Linné.
    Hab. Maurice.
537. Cypræa brevidentata, Sowerby.
    Hab. Maurice.
538. Cypræa candidula, Gaskoin.
    Hab. Maurice.

539. Cypræa carneola, Linné.
    Hab. Maurice.
540. Cypræa carneola, var. bouche blanche, Linné.
    Hab. Maurice.
541. Cypræa caurica, Linné.
    Hab. Maurice.
542. Cypræa caput-serpentis, Linné.
    Hab. Maurice.
543. Cypræa Cernica, Sowerby.
    Hab. Maurice.
544. Cypræa chrysalis, Kiener.
    Hab. Maurice.
545. Cypræa cicercula, Linné.
    Hab. Maurice.
546. Cypræa citrina, Gray.
    Hab. Maurice.
547. Cypræa cribellum, Gaskoin.
    Hab. Maurice.
548. Cypræa clandestina, Linné.
    Hab. Maurice.
549. Cypræa cruenta, Gmelin ; variolaria, Lamarck.
    Hab. Maurice.
550. Cypræa cribraria, Linné.
    Hab. Maurice,
551. Cypræa cylindrica, Born.
    Hab. Maurice.
552. Cypræa erones, Linné.
    Hab. Maurice.
553. Cypræa erosa et var., Linné.
    Hab. Maurice.
554. Cypræa Esontropia, Duclos.
    Hab. Maurice, îlot.
555. Cypræa fimbriata, Gmelin.
    Hab. Maurice.

556. Cypræa globosus, Linné.
    Hab. Maurice.
557. Cypræa granulosa, Pease.
    Hab. Maurice.
558. Cypræa gracilis, Gaskoin.
    Hab. Maurice.
559. Cypræa helvola, Linné.
    Hab. Maurice.
560. Cypræa hirundo, Linné.
    Hab. Maurice.
561. Cypræa histrio, Gmelin; reticulata, Martyns.
    Hab. Maurice.
562. Cypræa hordacea, Kiener; insecta, Mighaels.
    Hab. Maurice.
563. Cypræa icterina, Lamarck.
    Hab. Maurice.
564. Cypræa isabella, Linné.
    Hab. Maurice.
565. Cypræa Lamarckii, Gray.
    Hab. Maurice.
566. Cypræa limacina et var., Lamarck.
    Hab. Maurice.
567. Cypræa Liénardi, Jousseaume, *Revue zool.* 1874.
    Hab. Maurice.
568. Cypræa lynx, Linné.
    Hab. Maurice.
569. Cypræa Mauritiana, Linné.
    Hab. Maurice.
570. Cypræa Menkeana, Deshayes.
    Hab. Maurice.
571. Cypræa microdon, Gray.
    Hab. Maurice.
572. Cypræa moneta, Lamarck.
    Hab. Maurice.

573. Cypræa nebulosa, Kiener.
    Hab. Maurice.
574. Cypræa nucleus, et var., Linné.
    Hab. Maurice.
575. Cypræa ocellata, Linné.
    Hab. Maurice.
576. Cypræa oryza, Lamarck.
    Hab. Maurice.
577. Cypræa Owenii, Gray.
    Hab. Maurice.
578. Cypræa Peasei, Pease.
    Hab. Maurice.
579. Cypræa poraria, Linné.
    Hab. Maurice.
580. Cypræa puncturata, Gray.
    Hab. Maurice.
581. Cypræa quadripunctata, Gray.
    Hab. Maurice.
582. Cypræa reticulata, Martyns ; histrio, Gmelin.
    Hab. Maurice.
583. Cypræa scurra, Chemnitz.
    Hab. Maurice.
584. Cypræa staphylæa, et var., Linné.
    Hab. Maurice.
585. Cypræa stolida, et var., Linné.
    Hab. Maurice.
586. Cypræa stercus-muscarum, Lamarck.
    Hab. Maurice.
587. Cypræa talpa, Linné.
    Hab. Maurice.
588. Cypræa tabescens, Solander.
    Hab. Maurice.
589. Cypræa testudinaria, Linné, rare.
    Hab. Maurice.

590. **Cypræa tigris, Linné.**
    Hab. Maurice.

591. Cypræa tremeza, Duclos.
    Hab. Maurice.

592. Cypræa tricornis, Jousseaume, *Revue zool.*, 1874.
    Hab. Maurice.

593. Cypræa undata, Lamarck.
    Hab. Maurice.

594. Cypræa ursellus, Gmelin.
    Hab. Maurice.

595. Cypræa vitellus, Linné.
    Hab. Maurice.

596. Cypræa zig-zag, Linné.
    Hab. Maurice.

Genre OVULA, Bruguières, 1789.

597. Ovula Borbonica, Deshayes.
    Hab. Maurice.

598. Ovula concinna, Adams et Reeve.
    Hab. Maurice.

599. Ovula frumentum, Sowerby.
    Hab. Maurice.

600. Ovula lactea. Lamarck.
    Hab. Maurice.

601. Ovula nubeculata, Adams et Reeve.
    Hab. Maurice.

602. Ovula oviformis, Lamarck.
    Hab. Maurice.

603. Ovula verrucosa, Lamarck.
    Hab. Maurice.

604. Ovula ?
    Hab. Maurice.

605. Ovula ?
    Hab. Maurice.

606. Ovula?
>*Hab*. Maurice.

Genre PEDICULARIA, Swainson, 1840.

607. Pedicularia?
>*Hab*. Maurice.

Genre CANCELLARIA, Lamarck, 1799.

608. Cancellaria costifera, Sowerby.
>*Hab*. Maurice.

609. Cancellaria?
>*Hab*. Maurice.

Genre CERITHIUM, Bruguières, 1789.

610. Cerithium aluco, Bruguières.
>*Hab*. Maurice, îlot Barkly.

611. Cerithium alternatum et var., Sowerby.
>*Hab*. Maurice, îlot.

612. Cerithium cedonuli, Sowerby.
>*Hab*. Maurice.

613. Cerithium citrinum, Sowerby.
>*Hab*. Maurice.

614. Cerithium columna?
>*Hab*. Maurice.

615. Cerithium echinatum, Lamarck.
>*Hab*. Maurice, îlot Barkly.

616. Cerithium Menkei, Deshayes.
>*Hab*. Maurice, îlot.

617. Cerithium morus, Lamarck.
>*Hab*. Maurice.

618. Cerithium nodulosum, Bruguières.
>*Hab*. Maurice.

619. Cerithium obeliscus, Bruguières.
>*Hab*. Maurice, îlot.

620. Cerithium papillosum, Sowerby.
Hab. Maurice.

621. Cerithium rugosum, Wood.
Hab. Maurice, îlot.

622. Cerithium rostratum, Sowerby.
Hab. Maurice.

623. Cerithium semi-ferrugineum, Lamarck.
Hab. Maurice, îlot.

624. Cerithium torulosum, Bruguières.
Hab. Maurice, îlot.

625. Cerithium uncinatum, Deshayes.
Hab. Maurice.

626. Cerithium vertagus, Bruguières.
Hab. Maurice, îlot.

627. Cerithium zebrum, Kiener.
Hab. Maurice.

Genre MELANIA, Lamarck, 1799.

628. Melania acanthica, Lea.
Hab. Maurice.

629. Melania amarula, Linné.
Hab. Maurice.

630. Melania Commersoni, Morelet.
Hab. Maurice.

631. Melania mitra, Muschan; tiarella, Lamarck.
Hab. Maurice.

632. Melania tiarella, Lamarck.
Hab. Maurice.

633. Melania spinulosa, Lamarck.
Hab. Maurice.

634. Melania tuberculata, Muller.
Hab. Maurice.

635. Melania virgulata, Ferrussac.
Hab. Maurice.

Genre LITTORINA, Ferrussac, 1821.

636. Littorina granocostata, Reeve ; mendicaria, Lamarck.
     Hab. Maurice.
637. Littorina lævis, Philippi.
     Hab. Maurice.
638. Littorina pintado, Philippi.
     Hab. Maurice.
639. Littorina scabra et var., Linné.
     Hub. Maurice.

Sous genre NERITOÏDES, Brown, 1827.

Neritoïdes neritoïdes, Linné.
     Hab. Maurice.

Genre MODULUS, Gray, 1840.

640. Modulus obtusatus?
     Hab. Maurice.
641. Modulus rectum, Gmelin.
     Hab. Maurice.

Genre PLANAXIS, Lamarck, 1822.

642. Planaxis nucleus, Lamarck.
     Hab. Maurice.
643. Planaxis sulcatus, Lamarck.'
     Hub. Maurice.

Genre RISSOINA, D'Orbigny, 1840.

644. Rissoina scalariformis, Adams.
     Hab. Maurice.
645. Rissoina?
     Hab. Maurice.

646. Rissoina?
>*Hab*. Maurice.

Genre RISSOA, Fréminville, 1844.

647. Rissoa bidentata, Philippi.
>*Hab*. Maurice.

Genre PALUDINA, Lamarck, 1821.

648. Paludina zonata, Hanley. Introduite à Maurice.

Genre VERMETUS, Adanson, 1757.

649. Vermetus, — ? —
>*Hab*. Maurice.
650. Vermetus, — ? —
>*Hab*. Maurice.

Genre PHORUS, Montfort, 1810.

651. Phorus conchyliophorus, Born.
>*Hab*. Maurice.

Genre CALYPTRÆA, Lamarck, 1799.

652. Calyptræa equestris, Sowerby.
>*Hab*. Maurice.
653. Calyptræa (mitrularia), tectum sinense, Lamarck.
>*Hab*. Maurice.
654. Calyptræa (mitrularia) dormitoria, Reeve.
>*Hab*. Maurice.

Genre HIPPONYX, Defrance, 1819.

655. Hipponyx incurva, Deshayes.
>*Hab*. Maurice.
656. Hipponyx, — ? —
>*Hab*. Maurice.

657. Hipponyx, — ? —
>*Hab.* Maurice.

Genre NERITOPSIS.

658. Neritopsis radula, Born.
>*Hab.* Maurice.

Genre NARICA, Recluz, 1841. *Vanikoro*, Quoy et Gaimard, 1832.

659. Narica acuta, Recluz.
>*Hab.* Maurice.
660. Narica cancellata, Chemnitz.
>*Hab.* Maurice.
661. Narica Cuvieriana, Recluz.
>*Hab.* Maurice.
662. Narica granulosa, Recluz.
>*Hab.* Maurice.
663. Narica Gueriniana, Recluz.
>*Hab.* Maurice.
664. Narica rugata, A. Adams.
>*Hab.* Maurice.
665. Narica scalaris, Recluz.
>*Hab.* Maurice.

SCUTIBRANCHES, H. et A. Adams.

Genre NERITA, Linné, 1758.

666. Nerita albicilla, Linné.
>*Hab.* Maurice.
667. Nerita atrata, Chemnitz.
>*Hab.* Maurice.
668. Nerita carbonaria, Philippi.
>*Hab.* Maurice.
669. Nerita ornata, Sowerby.
>*Hab.* Maurice.

670. Nerita plicata, Linné.
    Hab. Maurice.
671. Nerita polita, Linné.
    Hab. Maurice.
672. Nerita, — ? —
    Hab. Maurice.
673. Nerita, — ? —
    Hab. Maurice.

Genre NERITINA, Lamarck, 1809.

674. Neritina caffra,
    Hab. Maurice.
675. Neritina lineolata, Lamarck.
    Hab. Maurice.
676. Neritina longispina, Recluz.
    Hab. Maurice.
677. Neritina Mauritiana, Morelet.
    Hab. Maurice.
678. Neritina Sandwichsensis, Deshayes.
    Hab. Maurice.
679. Neritina zig-zag, Lamarck.
    Hab. Maurice.

Genre NAVICELLA, Lamarck, 1809.

680. Navicella bimaculata, Reeve.
    Hab. Maurice.
681. Navicella porcellana, Linné; elliptica, Lamarck.
    Hab. Maurice.

TROCHIDÉS.

Genre PHASIANELLA, Lamarck, 1804.

682. Phasianella Rockii, Philippi.
    Hab. Maurice.

683. Phasianella — ? —
    Hab. Maurice.
684. Phasianella — ? —
    Hab. Maurice.
685. Phasianella — ? —
    Hab. Maurice.

TURBINÉS.

Genre TURBO, Linné, 1758.

686. Turbo argyrostomus, Linné.
    Hab. Maurice.
687. Turbo filifer, Deshayes.
    Hab. Maurice.
688. Turbo histrio, Reeve.
    Hab. Maurice.
689. Turbo margaritaceus, Linné.
    Hab. Maurice.
690. Turbo japonicus, Reeve.
    Hab. Maurice.
691. Turbo phasianellus, Deshayes.
    Hab. Maurice.

Genre TROCHUS, Linné, 1758.

692. Trochus flammulatus, Lamarck.
    Hab. Maurice.
693. Trochus mauritianus, Gmelin.
    Hab. Maurice.
694. Trochus maculatus, Linné.
    Hab. Maurice.
695. Trochus tuliferus, Kiener.
    Hab. Maurice.
696. Trochus virgatus, Gmelin.
    Hab. Maurice.

Genre CLANCULUS, Montfort, 1840.

697. Canclulus Pharaonis, Lamarck.
Hab. Maurice.

Genre STOMATELLA, Lamarck, 1809.

698. Stomatella pulchella, A. Adams.
Hab. Maurice.
699. Stomatella?
Hab. Maurice.

Genre STOMATIA, Helbling, 1778.

700. Stomatia phymotis, Helbling.
Hab. Maurice.

Genre HALIOTIS, Linné, 1740.

701. Haliotis?
Hab. Maurice.
702. Haliotis?
Hab. Maurice.
703. Haliotis?
Hab. Maurice.

Genre FISSURELLA, Bruguières, 1789.

704. Fissurella cemoria, Leach.
Hab. Maurice.
705. Fissurella reticulata?
Hab. Maurice.
706. Fissurella?
Hab. Maurice.
707. Fissurella?
Hab. Maurice.
708. Fissurella?
Hab. Maurice.

Genre EMARGINULA, Lamarck, 1801.

709. Emarginula scutellata, Deshayes.
Hab. Maurice.

Sous-genre SUBEMARGINULA, Blainville, 1825.

710. Subemarginula?
Hab. Maurice.

Genre PARMAPHORUS, Blainville, 1817.

711. Parmaphorus?
Hab. Maurice.

Genre GADINIA, Gray, 1824.

712. Gadinia afra, Gray.
Hab. Maurice.

Genre PATELLA, Linné, 1752.

713. Patella chitonoides, Reeve.
Hab. Maurice.
714. Patella compressa, Linné (sous-genre, *Cymbula*,
H. Adams.
Hab. Maurice.
715. Patella pentagona, Born.
Hab. Maurice.
716. Patella profunda, Deshayes.
Hab. Maurice.
717. Patella rota et var., Gmelin.
Hab. Maurice.
718. Patella spinifera, Lamarck.
Hab. Maurice.

Genre CHITON, Linné, 1758.

719. Chiton?
Hab. Maurice.

720. Chiton?
Hab. Maurice.

TECTIBRANCHES.

Genre TORNATELLA, Lamarck, 1812.

721. Tornatella fasciata, Lamarck.
Hab. Maurice.
722. Tornatella flammea, Gmelin.
Hab. Maurice.
723. Tornatella nitidula, Lamarck.
Hab. Maurice.
724. Tornatella oriza, Reeve.
Hab. Maurice.
725. Tornatella solidus, Lamarck.
Hab. Maurice.

Genre APLUSTRUM, Schumacher, 1847.

726. Aplustrum aplustre, Linné.
Hab. Maurice.

Genre HYDATINA, Schumacher, 1847.

727. Hydatina physis et var., Linné.
Hab. Maurice.
728. Hydatina vexillum, Chemnitz.
Hab. Maurice.

Genre TORNATINA, A. Adams. 1850,

729. Tornatina coarctata, A. Adams.
Hab. Maurice.

Genre BULLA, Klein, 1753.

730. Bulla ampulla, Linné.
Hab. Maurice.

731. Bulla eximia, Deshayes.
Hab. Maurice.

732 Bulla Ferrusacci, Quoy et Gaimard.
Hab. Maurice.

733. Bulla virgata, Martyns.
Hab. Maurice.

734. Bulla (haminea) tenera, A. Adams.
Hab. Maurice.

735. Bulla (haminea) cymbulum, Quoy et Gaimard.
Hab. Maurice.

Genre AKERA, O. MULLER, 1776.

736. Akera soluta, Chemnitz.
Hab. Maurice.

Genre ATYS, Montfort, 1810.

737. Atys cylindrica, Helbling.
Hab. Maurice.

738. Sous-genre (Dinia) dentifera, Adams.
Hab. Maurice.

Genre DOLABELLA, Lamarck, 1801.

739. Dolabella gigas, Rang.
Hab. Maurice.

740. Dolabella rumphii, Cuvier.
Hab. Maurice.

Genre APLYSIA, Linné, 1767.

741. Aplysia?
Hab. Maurice. Trouvé à la petite rivière.

Genre UMBRELLA, Lamarck, 1812.

742. Umbrella indica, Lamarck.
Hab. Maurice.

743. Umbrella, var. monstrosa.
Hab. Maurice.

Genre SPIRAXIS, C. B. Adams, 1850.

744. Spiraxis Barclayi, Pfeiffer.
Hab. Maurice. Plaines Wilhems.

Genre PARMACELLA, Cuvier, 1804.

745. Parmacella Mauritia, Ferrussac.
Hab. Maurice.

Genre ACHATINA, Lamarck, 1799.

746. Achatina fulica, Morelet.
Hab. Maurice.

647. Achatina fulica, var. monstrosa, (col. Maillard).
Hab. Maurice.

748. Achatina panthera, Ferrussac, introduite de Madagascar à Maurice.

Genre BULIMUS, Scopolini, 1786.

749. Bulimus Mauritianus, Pfeiffer.
Hab. Maurice.

750. Bulimus sanguineus, Barclay.
Hab. Maurice.

Genre GIBBUS, Montfort, 1810.

751. Gibbus lyonetiamus, Pallas.
Hab. Maurice. Ne se trouve qu'à Saint-Aubin, au quartier de la Savanne, Maurice.

752. Gibbus pagodus, Ferrussac.
Hab. Maurice. Savanne.

753. Gibbus sulcatus, Müller.
Hab. Maurice.

Genre PUPA, Draparnaud, 1805.

754. Pupa bacilus, Morelet.
Hab. Maurice.

755. Pupa brevis, Morelet.
Hab. Maurice.

756. Pupa Barclayi, Adams.
Hab. Maurice.

757. Pupa callifera, Morelet.
Hab. Maurice.

758. Pupa Caldwelli, Morelet.
Hab. Maurice.

759. Pupa helodes, Morelet.
Hab. Maurice.

760. Pupa holostoma, Morelet.
Hab. Maurice.

761. Pupa Lienardiana, Crosse.
Hab. Maurice.

762. Pupa Mauritiana et var., Morelet.
Hab. Maurice.

763. Pupa modiolus, Ferrussac.
Hab. Maurice.

764. Pupa Mondraini, Adams.
Hab. Maurice.

765. Pupa Newtoni, Adams.
Hab. Maurice.

766. Pupa obesa, Benson; callifera, Morelet.
Hab. Maurice.

767. Pupa palanga et var., Pfeiffer.
Hab. Maurice.

768. Pupa palangula, Morelet; Gibbus productus, Adams.
Hab. Maurice.

769. Pupa striaticostata, Morelet.
Hab. Maurice.

770. Pupa teres, Pfeiffer.
  Hab. Maurice.
771. Pupa versipolis, Ferrussac.
  Hab. Maurice.
772. Pupa (Ennea) clavulata, Adams.
  Hab. Maurice.
773. Pupa (Ennea) modesta, Adams.
  Hab. Maurice.
774. Pupa (Ennea Elnea) Nevilli, Adams.
  Hab. Maurice.

Genre HELIX, Linné, 1758.

775. Helix argentea 5 var., Reeve.
  Hab. Maurice.
776. Helix Barclayi, Benson.
  Hab. Maurice.
777. Helix Caldwelli, Benson.
  Hab. Maurice.
778. Helix (nanina) cernica, H. Adams.
  Hab. Maurice.
779. Helix Duponti, Morelet; espèce morte trouvée enfon-
  cée dans le sable.
  Hab. Maurice.
780. Helix inversicolor, Ferrussac; Mauritiana, Lamarck.
  Hab. Maurice.
781. Helix imperfecta, Deshayes.
  Hab. Maurice.
782. Helix implicata, Benson.
  Hab. Maurice.
783. Helix leucostyla, Pfeiffer.
  Hab. Maurice.
784. Helix Mauritiana, Pfeiffer.
  Hab. Maurice.

785. Helix mauritianella, Morelet.
    Hab. Maurice.
786. Helix minima, Adams.
    Hab. Maurice.
787. Helix Newtoni, Nevill.
    Hab. Maurice.
788. Helix Nevilli, Adams.
    Hab. Maurice.
789. Helix nitella, Morelet.
    Hab. Maurice.
790. Helix odontina, Morelet.
    Hab. Maurice.
791. Helix perlucida, Adams.
    Hab. Maurice.
792. Helix phylirina, Morelet.
    Hab. Maurice.
793. Helix Poweri, Adams.
    Hab. Maurice.
794. Helix proletaria, Morelet.
    Hab. Maurice.
795. Helix Rawsonis, Pfeiffer; semicerina, Morelet.
    Hab. Maurice.
796. Helix rufocincta, (Stylodonta erepta), Adams.
    Hab. Maurice.
797. Helix rufa, Lesson.
    Hab. Maurice.
798. Helix setiliris, Benson.
    Hab. Maurice.
799. Helix semilaris, Ferrussac; bradiana, Pfeiffer.
    Hab. Maurice.
800. Helix stilodon, Pfeiffer.
    Hab. Maurice.
801. Helix sulcifera (nanina), Adams. Espèce morte trouvée sous terre.
    Hab. Maurice.

802. Helix semicerina, Morelet.
Hab. Maurice.
803. Helix suffulata, Benson.
Hab. Maurice.
804. Helix verticella, Adams.
Hab. Maurice.
805. Helix virginia, Morelet.
Hab. Maurice.

Genre **CASSIDULA**, Ferrussac, 1849.

806. Cassidula labrella, Deshayes.
Hab. Maurice.

Genre **MELAMPUS**, Montfort, 1810.

807. Melampus fasciatus, Deshayes.
Hab. Maurice.
808. Melampus fuscus, Philippi.
Hab. Maurice.
809. Melampus lividus, Deshayes.
Hab. Maurice.

Genre **PEDIPES**, Adanson, 1757.

810. Pedipes affinis ?
Hab. Maurice.

Genre **LIMNÆA**, Lamarck, 1799.

811. Limnæa rufescens, Gray.
Hab. Maurice.

Genre **PHYSA**, Draparnaud, 1804.

812. Physa Borbonica, Sganzin.
Hab. Maurice.

Genre SIPHONARIA, Sowerby, 1824.

813. Siphonaria ferruginea, Reeve.
Hab. Maurice.
814. Siphonaria incerta, Deshayes.
Hab. Maurice.
815. Siphonaria parcicostata, Deshayes.
Hab. Maurice.

Genre CYCLOSTOMA, Lamarck, 1799.

846. Cyclostoma affinis, Sowerby.
Hab. Maurice.
817. Cyclostoma articulatum, Sowerby; Proceedings, 1848.
Hab. Maurice.
818. Cyclostoma Barclayanum, Pfeiffer.
Hab. Maurice, Montagne-du-corps-de-garde.
819. Cyclostoma clathraturum, Recluz.
Hab. Maurice.
820. Cyclostoma carinatum, Born.
Hab. Maurice.
821. Cyclostoma cincinnum, Sowerby.
Hab. Maurice.
822. Cyclostoma conoideum, Pfeiffer.
Hab. Maurice.
823. Cyclostoma fimbriatum, Lamarck.
Hab. Maurice.
824. Cyclostoma hæmastomum, Anton.
Hab. Maurice.
825. Cyclostoma ictericum, Sowerby.
Hab. Maurice.
826. Cyclostoma Kraussianum, Pfeiffer.
Hab. Maurice, trouvé la première fois sur l'îlot
Barkly.

827. Cyclostoma Lienardi, Morelet.
Hab. Maurice.
828. Cyclostoma Listeri et var., Gray.
Hab. Maurice.
829. Cyclostoma ligatum, Müller.
Hab. Maurice.
830. Cyclostoma Michaudi, Grateloup; carinatum, Lamarck.
Hab. Maurice.
831. Cyclostoma Mauritianum, Adams.
Hab. Maurice.
832. Cyclostoma unifasciatum, Sowerby.
Hab. Maurice.
833. Cyclostoma unicolor, Pfeiffer.
Hab. Maurice.
834. Cyclostoma scabrum et var., Adams.
Hab. Maurice.
835. Cyclostoma tricarinatum, Lamarck.
Hab. Maurice.

Sous genre, OMPHALOTROPIS.

836. Omphalotropis clavulus, Morelet.
Hab. Maurice.
837. Omphalotropis globosa, Benson.
Hab. Maurice.
838. Omphalotropis harpula, Benson.
Hab. Maurice.
839. Omphalotropis rubens, Quoy et Gaimard; cyclostoma Rangii, Michaud.
Hab. Maurice.
840. Omphalotropis picturata ?
Hab. Maurice.

Genre TRUNCATELLA, Risso, 1826.

841. Truncatella Guerini, Villa.
Hab. Maurice, île d'Ambre.

ACÉPHALÉS Cuvier. 1789.

Genre GASTROCHÆNA, Lamarck, 1818.

842. Gastrochæna cuneiformis, Spengler.
Hab. Maurice.
843. Gastrochæna Retzii, Deshayes.
Hab. Maurice.
844. Gastrochæna ?
Hab. Maurice.

Genre SAXICAVA, Fleuriau de Bellevue, 1802.

845. Saxicava ?
Hab. Maurice, rare.

Genre ASAPHIS, Modeer, 1793.

846. Asaphis rugosa, Lamarck; Capsa deflorata, Deshayes.
Hab. Maurice.

Genre TELLINA, Linné, 1758.

847. Tellina carnaria, Linné; Strigilla carnaria, Turton.
Hab. Maurice.
848. Tellina dispar, Conrad.
Hab. Maurice.
849. Tellina elegans, Gray.
Hab. Maurice.
850. Tellina foliacea, Linné.
Hab. Maurice.
851. Tellina hilaris, Hanley.
Hab. Maurice.

852. Tellina robusta, Hanley.
    Hab. Maurice.
853. Tellina rugosa, Born.
    Hab. Maurice.
854. Tellina rostrata, Linné.
    Hab. Maurice.
855. Tellina staurella, Lamarck.
    Hab. Maurice.
856. Tellina striatula, Lamarck; inflata, Chemnitz.
    Hab. Maurice.
857. Tellina subtruncata, Hanley.
    Hab. Maurice.
858. Tellina vestalis, Hanley.
    Hab. Maurice.

Sous genre ARCOPAGIA, Leach, 1827.

859. Arcopagia scobinata, Linné.
    Hab. Maurice.

Genre DONAX, Linné, 1758.

860. Donax australis, Lamarck.
    Hab. Maurice.
861. Donax faba, Chemnitz.
    Hab. Maurice.
862. Donax triradiata, Deshayes.
    Hab. Maurice.
863. Donax?
    Hab. Maurice.
864. Donax?
    Hab. Maurice.

Genre AMPHIDESMA, Lamarck, 1818.

865. Amphidesma concentrica, Nevill.
    Hab. Maurice.

Genre VENUS, Linné, 1758.

866. Venus Listeri, Gray.
    Hab. Maurice.
867. Venus marica, Linné.
    Hab. Maurice.
868. Venus pectinata, Lamarck.
    Hab. Maurice.
869. Venus toreuma? ·
    Hab. Maurice.

Genre CYTHEREA, Lamarck, 1805.

870. Cytherea costata, Chemnitz.
    Hab. Maurice.
871. Cytherea læta, Linné.
    Hab. Maurice.
872. Cytherea picta et var.,
    Hab. Maurice.
873. Cytherea varians, Hanley.
    Hab. Maurice.

Genre DOSINIA, Scopoli, 1777.

874. Dosinia variegata, Chemnitz.
    Hab. Maurice.

Genre TAPES, Megerle, 1811.

875. Tapes Deshayesii, Hanley.
    Hab. Maurice.
876. Tapes litterata, Linné.
    Hab. Maurice.
877. Tapes punctifera, Lamarck.
    Hab. Maurice.

Genre VENERUPIS, Lamarck, 1818.

878. Venerupis carditoïdes, Lamarck.
Hab. Maurice.

Genre CYPRICARDIA, Lamarck, 1819.

879. Cypricardia angulata, Lamarck.
Hab. Maurice.
880. Cypricardia Guinaica, Lamarck.
Hab. Maurice.
881. Cypricardia oblonga, Reeve.
Hab. Maurice.
882. Cypricardia rostrata, Lamarck.
Hab. Maurice.

Genre CARDIUM, Linné, 1758.

883. Cardium bicolor, Sowerby.
Hab. Maurice.
884. Cardium Dupuchense?
Hab. Maurice.
885. Cardium fragum, Linné.
Hab. Maurice.
886. Cardium leucastoma, Born.
Hab. Maurice.
887. Cardium medium, Linné.
Hab. Maurice.
888. Cardium papyraceum, Chemnitz; dulce, Deshayes.
Hab. Maurice.
889. Cardium?
Hab. Maurice.
890. Cardium?
Hab. Maurice.
891. Cardium?
Hab. Maurice.

Genre CHAMA, Bruguières, 1789.

892. Chama umbricata, Broderip.
    Hab. Maurice.
893. Chama aspersa, Reeve.
    Hab. Maurice.
894. Chama fibula, Reeve.
    Hab. Maurice.

Genre TRIDACNA, Bruguières, 1789.

895. Tridacna elongata, Lamarck.
    Hab. Maurice.
896. Tridacna ?
    Hab. Maurice.
897. Tridacna ?
    Hab. Maurice.

Genre LUCINA, Bruguières, 1792.

898. Lucina fibula, Reeve.
    Hab. Maurice.
899. Lucina globosa, Gray.
    Hab. Maurice.
900. Lucina punctata, Linné.
    Hab. Maurice.
901. Lucina Reevei, Deshayes.
    Hab. Maurice.
902. Lucina ?
    Hab. Maurice.
903. Lucina ?
    Hab. Maurice.
904. Lucina?
    Hab. Maurice.

Genre GALEOMMA, Turton, 1825.

905. Galeomma Turtoni, Sowerby.
Hab. Maurice.

Genre SCINTILLA, Deshayes.

906. Scintilla aurantia, Deshayes.
Hab. Maurice.

Genre MYTILICARDIA, Blainville, 1824.

907. Mytilicardia variegata, Bruguières.
Hab. Maurice.

Genre MODIOLA, Lamarck, 1799.

908. Modiola auriculata, Krauss.
Hab. Maurice.
909. Modiola cinnamonila, Lamarck.
Hab. Maurice.
910. Modiola teres, Philippi.
Hab. Maurice.

Genre MODIOLACEA.

911. Modiolacea Cumingiana, Dunker.
Hab. Maurice.

Genre LITHODOMUS, Cuvier, 1847.

912. Lithodomus?
Hab. Maurice.

Genre SEPTIFER, Recluz, 1848.

913. Septifer Kraussii, Recluz.
Hab. Maurice.

Genre AVICULA, Lamarck, 1799.

914. Avicula crocea, Lamarck.
Hab. Maurice.
915. Avicula?
Hab. Maurice.
916. Avicula?
Hab. Maurice.
917. Avicula?
Hab. Maurice.

Genre MELEAGRINA, Lamarck, 1812.

918. Meleagrina margaritifera, Linné.
Hab. Maurice.
919. Meleagrina?
Hab. Maurice.
920. Malegrina?
Hab. Maurice.
921. Meleagrina?
Hab. Maurice.

Genre PERNA, Bruguières, 1792.

922. Perna femoralis, Lamarck.
Hab. Maurice.
923. Perna Maillardi, Deshayes.
Hab. Maurice.
924. Perna vulsella, Lamarck.
Hab. Maurice.

Genre PINNA, Linné, 1758.

925. Pinna Kraussii, Hanley.
Hab. Maurice.
926. Pinna?
Hab. Maurice.

927. Pinna ?
    Hab. Maurice.

    Sous genre ATRINA, Gray, 1840.

928. Atrina saccata, Linné.
    Hab. Maurice.

    Genre ARCA, Lamarck, 1799.

929. Arca cuneata, Sowerby.
    Hab. Maurice.
930. Arca decussata, Sowerby.
    Hab. Maurice.
931. Arca fusca, Bruguières.
    Hab. Maurice.
932. Arca Kraussii, Philippi.
    Hab. Maurice.
933. Arca revelata, Deshayes.
    Hab. Maurice.

    Genre BARBATIA, Gray, 1840.

934. Barbatia donaciformis, Reeve.
    Hab. Maurice.
935. Barbatia fusca, Bruguières.
    Hab. Maurice.
936. Barbatia formosa, Sowerby.
    Hab. Maurice.
937. Barbatia ?
    Hab. Maurice.
938. Barbatia ?
    Hab. Maurice.
939. Barbatia velata, Sowerby.
    Hab. Maurice.

Genre **PECTUNCULUS**, Lamarck, 1801.

935. Pectunculus ?
Hab. Maurice.

Genre **PECTEN**, Bruguières, 1789.

940. Pecten asperrimus, Lamarck.
Hab. Maurice.
941. Pecten canteriatus, Deshayes.
Hab. Maurice.
942. Pecten concinnus, Reeve.
Hab. Maurice.
943. Pecten corallinoïdes, d'Orbigny.
Hab. Maurice.
944. Pecten gibbus, Linné.
Hab. Maurice.
945. Pecten nodosus, Linné.
Hab. Maurice.
946. Pecten nodiliferus, Sowerby.
Hab. Maurice.
947. Pecten ornatus et var., Lamarck.
Hab. Maurice.
948. Pecten radula, Linné.
Hab. Maurice.
949. Pecten rosaceus, Deshayes.
Hab. Maurice.
950. Pecten rubromaculatus, Sowerby.
Hab. Maurice.
951. Pecten senatorius, Gmelin.
Hab. Maurice.
952. Pecten squamosus, Gmelin.
Hab. Maurice.
953. Pecten textiliosus, Deshayes; suratus, Sowerby.
Hab. Maurice.

954. Pecten ?

>*Hab.* Maurice.

955. Pecten irregularis, Sowerby.

>*Hab.* Maurice.

956. Pecten ? Un seul, trouvé dans un poisson pêché. à
60 brasses de profondeur.

>*Hab.* Maurice.

Genre HINNITES.

957. Hinnites sinuosus, Sowerby.

>*Hab.* Maurice.

Genre LIMA, Bruguières, 1792.

958. Lima fasciata, Linné.

>*Hab.* Maurice.

959. Lima fragilis, Chemnitz.

>*Hab.* Maurice.

960. Lima tenera, Chemnitz.

>*Hab.* Maurice.

Genre SPONDYLUS, Lamarck, 1809.

961. Spondylus coccineus, Lamarck.

>*Hab.* Maurice.

962. Spondylus Nicobaricus, Chemnitz.

>*Hab.* Maurice.

963. Spondylus nudus, Chemnitz.

>*Hab.* Maurice.

964. Spondylus radians, Sowerby.

>*Hab.* Maurice.

965. Spondylus spectrum.

>*Hab.* Maurice.

966. Spondylus tenuispinosus, Lamarck.

>*Hab.* Maurice.

967. Spondylus zonalis, Lamarck.

>*Hab.* Maurice.

Genre PLICATULA, Lamarck, 1801.

968. Plicatula cristata, Lamarck.
    Hab. Maurice.
969. Plicatula depressa, Lamarck.
    Hab. Maurice.
970. Plicatula multiplicata, Deshayes.
    Hab. Maurice.
971. Plicatula ramosa, Lamarck.
    Hab. Maurice.
972. Plicatula umbricata et var., Menke.
    Hab. Maurice.
973. Plicatula ?
    Hab. Maurice.
974. Plicatula ?
    Hab. Maurice.
975. Plicatula ?
    Hab. Maurice.

Genre OSTREA, Linné, 1758.

976. Ostrea numisma, Lamarck.
    Hab. Maurice.
977. Ostrea violacea, Deshayes.
    Hab. Maurice.
978. Ostrea ?
    Hab. Maurice.
979. Ostrea ?
    Hab. Maurice.
980. Ostrea ?
    Hab. Maurice.

BRANCHIPODES, Duméril, 1806.

Genre TEREBRATULA, Swyd, 1698.

881. Terebratula cernica, Crosse, *Journ. Conch.*, t. XXII,
pl. i, fig. 3. Trouvé dans un poisson.
Hab. Maurice.

ILES SEYCHELLES.

MURICIDÉS.

Genre MUREX, Linné, 1758.

1. Murex Cumingii, Born.
Hab. Seychelles.

Sous-genre Pisania.

2. Pisania fasciculata, Reeve.
Hab. Seychelles.

Genre TRITON, Lamarck, 1822.

3. Triton anus, Lamarck.
Hab. Seychelles.
4. Triton undosum, Kiener.
Hab. Seychelles.

Genre BUCCINUM, Linné, 1767.

5. Buccinum olivaceum, Bruguières.
Hab. Seychelles.

6. Buccinum proteus, Reeve.
    Hab. Seychelles.
7. Buccinum undulosum, Linné.
    Hab. Seychelles.

Genre NASSA, Lamarck, 1799.

8. Nassa arcularia, Linné.
    Hab. Seychelles.

Genre PURPURA.

9. Purpura persica, Lamarck.
    Hab. Seychelles.

Genre OLIVA, Bruguières, 1789.

10. Oliva erythostoma, Lamarck; porphyritica, Martini.
    Hab. Seychelles.
11. Oliva irisans, Lamarck.
    Hab. Seychelles.
12. Oliva lepida, Duclos.
    Hab. Seychelles.
13. Oliva Macleyana, Duclos.
    Hab. Seychelles.
14. Oliva textilina, Lamarck.
    Hab. Seychelles.
15 Oliva tremulina, Lamarck.
    Hab. Seychelles.
16. Oliva undata, Lamarck; inflata, Chenu, ventricosa,
    Solander, bulbosa, Martini.
    Hab. Seychelles.

Genre FASCIOLARIA, Lamarck, 1799.

17. Fasciolaria trapezium, Lamarck.
    Hab. Seychelles.

Genre TURBINELLA, Lamarck, 1799.

18. Turbinella (Latirus) craticulata, Lamarck.
Hab. Seychelles.
19. Turbinella (Scolymus) cornigera, Lamarck.
Hab. Seychelles.
20. Turbinella (Latirus) nassatula, 2 var., Lamarck.
Hab. Seychelles.
21. Turbinella Latirus, polygona, Lamarck.
Hab. Seychelles.

Genre MITRA, Lamarck, 1799.

22. Mitra cucumerina, Lamarck.
Hab. Seychelles.
23. Mitra ebenus, Lamarck.
Hab. Seychelles.
24. Mitra exasperata, Chemnitz; torrulosa, Lamarck;
corrugata Wood.
Hab. Seychelles.
25. Mitra fissurata, Lamarck.
Hab. Seychelles.
26. Mitra papalis, Linné.
Hab. Seychelles.
27. Mitra paupercula, Linné.
Hab. Seychelles.

Genre COLUMBELLA, Lamarck, 1799.

28. Columbella flavida, Lamarck; uniculata, Souverbie;
Journ. de Conch., 1865; punctata, Sowerby.
Hab. Seychelles.
29. Columbella nympha, Kiener.
Hab. Seychelles.
30. Columbella turturina, Lamark.
Hab. Seychelles.

31. Columbella undata et var., Duclos.
    Hab. Seychelles.

Genre HARPA, Lamarck, 1799.

32. Harpa minor, Lamarck.
    Hab. Seychelles.
33. Harpa ventricosa, Lamarck.
    Hab. Seychelles.

Genre CASSIS, Lamarck, 1799.

34. Cassis aureola, Bruguières.
    Hab. Seychelles.
35. Cassis cornuta, Bruguières.
    Hab. Seychelles.
36. Cassis plicaria, Lamarck.
    Hab. Seychelles.
37. Cassis rufa, Bruguières.
    Hab. Seychelles.
38. Cassis vibex, Bruguières.
    Hab. Seychelles.

Genre NATICA, Adanson, 1757.

39. Natica chinensis, Lamarck.
    Hab. Seychelles.
40. Natica mamilla, Lamarck.
    Hab. Seychelles.

Genre CONUS, Linné, 1758.

41. Conus arenatus, Lamarck.
    Hab. Seychelles.
42. Conus bullatus, Linné.
    Hab. Seychelles.
43. Conus capitaneus, Linné.
    Hab. Seychelles.

44. Conus catus, Bruguières.
  Hab. Seychelles.
45. Conus geographus, Linné.
  Hab. Seychelles.
46. Conus gubernator, Bruguières.
  Hab. Seychelles.
47. Conus imperialis, Linné.
  Hab. Seychelles.
48. Conus Keatii, Sowerby.
  Hab. Seychelles.
49. Conus lividus, Bruguières.
  Hab. Seychelles.
50. Conus miliaris, Bruguières.
  Hab. Seychelles.
51. Conus miles, Linné.
  Hab. Seychelles.
52. Conus minimus, Linné.
  Hab. Seychelles.
53. Conus Mindanaus, Bruguières.
  Hab. Seychelles.
54. Conus nussatella, Bruguières.
  Hab. Seychelles.
55. Conus obesus, Bruguières.
  Hab. Seychelles.
56. Conus pertusus, Bruguières.
  Hab. Seychelles.
57. Conus pusillus, Chemnitz.
  Hab. Seychelles.
58. Conus pulicarius, Bruguières.
  Hab. Seychelles.
59. Conus striatus, Linné.
  Hab. Seychelles.
60. Conus tessellatus, Bruguières.
  ***Hab*. Seychelles.**

61. Conus textile, Linné.
    Hab. Seychelles.
62. Conus terebellum, Brúguières.
    Hab. Seychelles.
63. Conus tigrinus, Sowerby.
    Hab. Seychelles.
64. Conus vexillum, Bruguières.
    Hab. Seychelles.
65. Conus vermiculatus, Lamarck.
    Hab. Seychelles.

Genre STROMBUS, Linné 1740.

66. Strombus floridus, Lamarck ; mutabilis, Swainson.
    Hab. Seychelles.
67. Strombus gibberulus et var., Linné.
    Hab. Seychelles.
68. Strombus luhuanus, Linné.
    Hab. Seychelles.
69. Strombus Mauritianus, Lamarck ; cylindraceus, Swainson.
    Hab. Seychelles.

Genre CYPRÆA, Linné, 1740.

70. Cypræa argus, Linné.
    Hab. Seychelles.
71. Cypræa asellus, Linné.
    Hab. Seychelles.
72. Cypræa carneola, Linné.
    Hab. Seychelles.
73. Cypræa caurica, Linné.
    Hab. Seychelles.
74. Cypræa caput-serpentis, Linné.
    Hub. Seychelles.

75. Cypræa cicercula, Linné.
    Hab. Seychelles.
76. Cypræa erosa et var., Linné.
    Hab. Seychelles.
77. Cypræa globosa, Linné.
    Hab. Seychelles.
78. Cypræa histria, Gmelin; reticulata, Martyns.
    Hab. Seychelles.
79. Cypræa isabella, Linné.
    Hab. Seychelles.
80. Cypræa Lienardi, Jousseaume, Revue zool., 1874.
    Hab. Seychelles.
81. Cypræa lynx, Linné.
    Hab. Seychelles.
82. Cypræa moneta, Lamarck.
    Hab. Seychelles.
83. Cypræa nucleus et var., Linné.
    Hab. Seychelles.
84. Cypræa reticulata, Martyns; histria, Gmelin.
    Hab. Seychelles.
85. Cypræa staphylæa et var., Linné.
    Hab. Seychelles.
86. Cypræa tigris, Linné.
    Hab. Seychelles.
87. Cypræa undata, Lamarck.
    Hab. Seychelles.
88. Cypræa ursellus, Gmelin
    Hab. Seychelles.

Genre CERITHIUM.

89. Cerithium rostratum, Sowerby.
    Hab. Seychelles.
90. Cerithium varicosum, Sowerby.
    Hab. Seychelles.

Genre NERITA, Linné, 1758.

91. Nerita plicata, Linné.
     Hab. Seychelles.
92. Nerita polita, Linné.
     Hab. Seychelles.

Genre ROTELLA, Lamarck, 1822.

93. Rotella elegans, Beck.
     Hab. Seychelles.

Genre CLANCULUS, Montfort, 1810.

94. Clanculus Pharaonis, Lamarck.
     Hab. Seychelles.
95. Clanculus?
     Hab. Seychelles.

Genre TORNATELLA, Lamarck, 1812.

96. Tornatella fasciata, Lamarck.
     Hab. Seychelles.
97. Tornatella nitidula, Lamarck.
     Hab. Seychelles.
98. Tornatella solidus, Lamarck.
     Hab. Seychelles.

Genre BULIMUS, Scopoli, 1786.

99. Bulimus clavulinus, Potier et Michaud.
     Hab. Seychelles.
100. Bulimus fulvicans, Reeve.
     Hab. Seychelles.
101. Bulimus velutinus, Pfeiffer.
     Hab. Seychelles.
102. Bulimus, var. blonde, Pfeiffer.
     Hab. Seychelles.

Genre HELIX, Linné, 1758.

103. Helix similaris, Ferrussac.
    Hab. Mahé et Praslin (Nevill).
104. Helix (Discus) senata, H. Adams.
    Hab. Mahé, Praslin et Silhouette (Nevill).
105. Helix (Stylodonta) unidentata, Chemnitz.
    Hab. Mahé, Félicité, Silhouette et Curieuse (Nevill).
106. Helix (Stylodonta) studeriana, Ferrussac.
    Hab. Praslin seulement (Nevill).
107. Helix virginia, Morelet.
    Hab. Seychelles.

Genre STREPTAXIS, Gray, 1837.

108· Streptaxis Souleyetiana, Petit.
    Hab. Mahé, Praslin et Silhouettc (Nevill).

Genre ENNEA, H. et A. Adams, 1858.

109. Ennea (Elma) Nevilli, A. Adams.
    Hab. Mahé et Silhouette (Nevill).
110. Ennea bicolor, Hutton.
    Hab. Mahé (Nevill).
111. Ennea Dussumieri, Reeve.
    Hab. Seychelles.

Genre SUBULINA, Beck, 1837.

112. Subulina Mauritiana, Pfeiffer.
    Hab. Mahé et Silhouette (Nevill).

Genre ACHATINA, Lamarck, 1799.

113. Achatina fulica, Ferrussac.
    Hab. Mahé et Praslin (Nevill).

Genre ACICULA, Hartmann, 1821.

114. Acicula mauritiana, H. Adams.
Hab. Mahé (Nevill).

Genre SUCCINEA, Draparnaud, 1801.

115. Succinea? Striata, Krauss.
Hab. Mahé, Praslin, Silhouette et Félicité (Nevill).

Genre GIBBUS, Montfort, 1818.

116. Gibbus Moreleti, H. Adams.
Hab. Silhouette (Nevill).

Genre CYCLOSTOMA, Lamarck, 1808.

117. Cyclostoma pulchrum, Gray.
Hab. Mahé, Praslin et Silhouette (Nevill).
118. Cyclostoma insulare, Benson.
Hab. Seychelles.

Genre CYATHOPOMA, Blanford, 1868.

119. Cyathopoma Blanfordi, H. Adams.
Hab. Mahé (Nevill).

Genre MELAMPUS, Montfort, 1810.

120. Melampus lividus, Deshayes.
Hab. Mahé et Praslin (Nevill).
121. Melampus fasciatus, Deshayes.
Hab. Mahé et Praslin (Nevill).
122. Melampus Caffes, Küster.
Hab. Mahé (Nevill).
123. Melampus Bridgesii, Carpenter.
Hab. Mahé (Nevill).

Genre NERITINA, Lamarck. 1809.

124. Neritina gagates, Recluz.
Hab. Praslin (Nevill).

Genre MELANIA, Lamarck, 1799.

125. Melania tuberculata, Müller.
Hab. Mahé, Praslin et Silhouette (Nevill).

Genre PYRAZUS, Montfort, 1810.

126. Pyrazus palustris, Linné.
Hab. Mahé (Nevill).

Genre PALUDOMUS, Swainson, 1840.

127. Paludomus Ajanensis, Morelet.
Hab. Mahé (Nevill).

ACÉPHALÉS.

Genre TELLINA, Linné, 1758.

128. Tellina elegans, Gray.
Hab. Seychelles.

Genre CARDIUM, Linné, 1758.

129. Cardium biradiatum, Bruguières.
Hab. Seychelles.

Genre CONUS.

130. Conus cinctus, Swain.; vitulinus et var., Brug.
Hab. Coëtivi.

ILES CHAGOS.

MURICIDÉS.

Genre MUREX, Linné, 1758.

1. Murex Cumingii, Born.
   Hab. Diego-Garcia.
2. Murex fenestratus et var., Chemnitz.
   Hab. Diego-Garcia, Peros-Banhos.
3. Murex ramosus, Linné ; inflatus, Lamarck.
   Hab. Chagos.
4. Murex palma-rosæ, Lamarck.
   Hab. Diego-Garcia.
5. Murex Saulii, Sowerby.
   Hab. Diego-Garcia.

Genre FUSUS, Lamarck, 1799.

6. Fusus Nicobaricus, Lamarck.
   Hab. Six-Iles.

Sous-genre PISANIA.

7. Pisania fasciculatum, Reeve.
   Hab. Chagos.
8. Pisania pictum, Reeve.
   Hab. Chagos.

Sous-genre CLATHURELLA.

9. Clathurella roseotincta, Montrouzier, *Journ. Conch.*,
   vol. XXI, 3ᵉ vol.
   Hab. Diego-Garcia.

Genre TRITON, Lamarck, 1822.

10. Triton anus, Lamarck.
   Hab. Chagos.
11. Triton clavator, Lamarck.
   Hab. Chagos.
12. Triton gemmatum, Reeve.
   Hab. Chagos.
13. Triton labiosus, Wood.
   Hab. Chagos.
14. Triton maculosum, Gmelin.
   Hab. Chagos.
15. Triton rubeculatum, Lamarck.
   Hab. Chagos.

Sous-genre EPIDROMUS.

16. Epidromus Cumingii, var. du Triton clathratus de
   Sowerby.
   Hab. Chagos.
17. Epidromus distortum, Schuhmaker.
   Hab. Chagos.

Genre RANELLA, Lamarck, 1812.

18. Ranella affinis, Broderip ; granifera Kiener.
   Hab. Chagos.
19. Ranella syphonata, Reeve.
   Hab. Chagos.

BUCCINIDÉS.

Genre BUCCINUM, Linné, 1767.

20. Buccinum olivaceum, Bruguières.
   Hab. Chagos.

21. **Buccinum Proteus, Reeve.**
    Hab. Chagos.
22. **Buccinum undulosum, Linné.**
    Hab. Chagos.

Genre NASSA, Lamarck, 1799.

23. **Nassa arcularia, Linné.**
    Hab. Diego-Garcia.
24. **Nassa coronata, Bruguières.**
    Hab. Chagos.

PURPURIDÉS.

Genre PURPURA, Bruguières, 1789.

25. **Purpura armigera, Bruguières.**
    Hab. Chagos.
26. **Purpura hippocastanum et var., Kiener; plicata, Lamarck.**
    Hab. Chagos.
27. **Purpura hœmastomum, Lamarck.**
    Hab. Diego-Garcia.
28. **Purpura mancinella, Lamarck.**
    Hab. Chagos.
29. **Purpura Persica, Lamarck.**
    Hab. Chagos.
30. **Purpura pica, Blainville.**
    Hab. Chagos.
31. **Purpura Rudolphi, Lamarck.**
    Hab. Chagos.
32. **Purpura sertum, Lamarck.**
    Hab. Chagos.
33. **Purpura hippocastanum, Lamarck.**
    Hab. Chagos.

Genre RICINULA, Lamarck, 1812.

34. Ricinula albolabris, Blainville ; Arachnoides, Lamarck.
    Hab. Chagos.
35. Ricinula clathrata, Lamarck.
    Hab. Chagos.
36. Ricinula chrysostoma, Reeve.
    Hab. Chagos.
37. Ricinula digitata, Lamarck.
    Hab. Chagos.
38. Ricinula torrida, Lamarck.
    Hab. Chagos.
39. Ricinula histrix, Lamarck.
    Hab. Chagos.
40. Ricinula lineolata, Blainville.
    Hab. Chagos.
41. Ricinula mutica, Lamarck.
    Hab. Chagos.
42. Ricinula tuberculata, Blainville.
    Hab. Chagos.

Genre CORALLIOPHILA, H. et A. Adams, 1835.

43. Coralliophila costularis, Blainville ; Murex costularis, Lamarck.
    Hab. Chagos.
44. Coralliophila madreporarum, Sowerby.
    Hab. Chagos.
45. Coralliophila neritoidea et var., Lamarck.
    Hab. Chagos.

Genre LEPTOCONCHUS, Ruppel, 1834.

46. Leptoconchus Lamarckii, Deshayes.
    Hab. Chagos.

47. Leptoconchus striatus, Ruppel.
Hab. Diego-Garcia.

Genre MAGILUS, Montfort, 1810.

48. Magilus antiquus, Montfort.
Hab. Chagos.

Genre OLIVA, Bruguières, 1789.

49. Oliva emicator, Meuschen ; cruenta, Solander ; guttata, Lamarck.
Hab. Diego-Garcia.
50. Oliva tremulina, Lamarck.
Hab. Diego-Garcia.
51. Oliva ponderosa, Duclos.
Hab. Chagos.

Genre FASCIOLARIA, Lamarck, 1799.

52. Fasciolaria trapezium, Lamarck.
Hab. Chagos.

Genre TURBINELLA, Lamarck, 1799.

53. Turbinella (Latirus) craticulata, Lamarck.
Hab. Chagos.
54. Turbinella (Scolymus) cornigera, Lamarck.
Hab. Chagos.
55. Turbinella (Latirus) nassatula, 2 var., Lamarck.
Hab. Chagos.
56. Turbinella polygona, Lamarck.
Hab. Chagos.
57. Turbinella (Latirus) rustica, Lamarck.
Hab. Chagos.

Genre MITRA, Lamarck, 1799.

58. Mitra abbatis, Chemnitz et Reeve; contracta, Swainson.
Hab. Chagos.

59. Mitra Adansoni, Gray.
Hab. Diego-Garcia.

60. Mitra acuminata, Swainson; lutea, Quoy et Gaimard.
Hab. Diego-Garcia.

61. Mitra auriculoïdes, Reeve.
Hab. Chagos.

62. Mitra lyrata, Lamarck.
Hab. Chagos.

63. Mitra coffea, Schubner et Wagner.
Hab. Chagos.

64. Mitra columbelliformis, Kiener.
Hab. Chagos.

65. Mitra contracta, Swainson; abbatis, Chemnitz et Reeve.
Hab. Diego-Garcia.

66. Mitra coronata, Chemnitz.
Hab. Chagos.

67. Mitra cucumerina, Lamarck.
Hab. Chagos.

68. Mitra digitalis, Chemnitz; millepora, Lamarck.
Hab. Diego-Garcia.

69. Mitra ferruginea, Lamarck.
Hab. Chagos.

70. Mitra fissurata, Lamarck.
Hab. Diego-Garcia.

71. Mitra harpæformis, Lamarck.
Hab. Chagos.

72. Mitra luctuosa, A. Adams.
    Hab. Chagos.
73. Mitra litterata, Lamarck.
    Hab. Chagos.
74. Mitra lyrata, Lamarck.
    Hab. Diego-Garcia.
75. Mitra episcopalis, Linné.
    Hab. Chagos.
76. Mitra eximia, A. Adams.
    Hab. Chagos.
77. Mitra nitens, Kiener ; annulata, **Reeve**.
    Hab. Chagos.
78. Mitra obeliscus, Reeve.
    Hab. Chagos.
79. Mitra ornata, A. Adams.
    Hab. Chagos.
80. Mitra papalis, Linné.
    Hab. Chagos.
81. Mitra paupercula, Linné.
    Hab. Chagos.
82. Mitra patriarchalis, Lamarck.
    Hab. Chagos.
83. Mitra rosinæ, Reeve ; tessellata, Swainson ; ornata,
    Kiener.
    Hab. Chagos.
84. Mitra speciosa, Reeve.
    Hab. Chagos.
85. Mitra stigmataria, Lamarck ; granosa, Chemnitz.
    Hab. Chagos.
86. Mitra tabanula, Lamarck.
    Hab. Chagos.
87. Mitra terebralis, Lamarck.
    Hab. Chagos.

88. Mitra ticaonica, Reeve.
Hab. Chagos.
89. Mitra tigrina, A. Adams.
Hab. Chagos.
90. Mitra edentulus (dibaphus), Swainson.
Hab. Diego-Garcia.

Genre COLUMBELLA, Lamarck, 1799.

91. Columbella mendicaria, Lamarck.
Hab. Chagos.
92. Columbella turturina, Lamarck.
Hab. Diego-Garcia.
93. Columbella undata et var., Duclos.
Hab. Chagos.

Genre HARPA, Lamarck, 1799.

94. Harpa minor, Lamarck.
Hab. Chagos.
95. Harpa ventricosa, Lamarck.
Hab. Chagos.

Genre CASSIS, Lamarck, 1799.

96. Cassis areola, Bruguières.
Hab. Chagos.
97. Cassis cornuta, Bruguières.
Hab. Chagos.
98. Cassis rufa, Bruguières.
Hab. Chagos.
99. Cassis vibex, Bruguières.
Hab. Chagos.

Genre DOLIUM, Lamarck, 1801.

100. Dolium pomum, Lamarck.
Hab. Chagos.

101. Dolium perdix, Lamarck.
    Hab. Chagos.

    Genre NATICA, Adanson, 1757.

102. Natica mamilla, Lamarck.
    Hab. Chagos.

    Genre SCALARIA, Lamarck, 1802.

103. Scalaria raricostata, Lamarck.
    Hab. Diego-Garcia.

    Genre TEREBRA, Bruguières, 1789.

104. Terebra pertusa, Sowerby.
    Hab. Chagos.

    Genre SOLARIUM, Lamarck, 1799.

105. Solarium Chemnitzii, Kiener.
    Hab. Diego-Garcia.
106. Solarium variegatum, Lamarck.
    Hab. Diego-Garcia.

    Genre CONUS, Linné, 1758.

107. Conus arenatus, Lamarck.
    Hab. Chagos.
108. Conus archiepiscopus, Bruguières.
    Hab. Diego-Garcia.
109. Conus aulicus, Linné.
    Hab. Diego-Garcia.
110. Conus Bandanus, Bruguières.
    Hab. Chagos.
111. Conus betulinus, Linné.
    Hab. Diego-Garcia.
112. Conus canonicus, Bruguières.
    Hab. Chagos.

113. Conus capitaneus, Linné.
 Hab. Chagos.
114. Conus catus, Bruguières.
 Hab. Chagos.
115. Conus clavus, Linné.
 Hab. Chagos.
116. Conus convolutus, Sowerby.
 Hab. Chagos.
117. Conus crocatus, Lamarck.
 Hab. Peros-Banhos, Salomon.
118. Conus cylindraceus, Broderip.
 Hab. Chagos.
119. Conus distans, Bruguières.
 Hab. Chagos.
120. Conus episcopus, Bruguières.
 Hab. Chagos.
121. Conus flavidus, et var., Kiener.
 Hab. Diego Garcia.
122. Conus geographus, Linné.
 Hab. Chagos.
123. Conus generalis, Linné.
 Hab. Chagos.
124. Conus gubernator, Bruguières.
 Hab. Chagos.
125. Conus Hebræus, Linné.
 Hab. Chagos.
126. Conus imperialis, Linné.
 Hab. Chagos.
127. Conus legatus, Lamarck.
 Hab. Diego-Garcia.
128. Conus lividus, Bruguières.
 Hab. Chagos.
129. Conus lithoglyphus, Bruguières.
 Hab. Chagos.

130. Conus lævigatus, Sowerby.
    Hab. Six-Iles.
131. Conus marmoreus, Linné.
    Hab. Chagos.
132. Conus miliaris, Bruguières.
    Hab. Chagos.
133. Conus miles, Linné.
    Hab. Chagos.
134. Conus minimus, Linné.
    Hab. Chagos.
135. Conus multipunctatus, Lamarck.
    Hab. Chagos.
136. Conus mustelinus, Bruguières.
    Hab. Chagos.
137. Conus nemocanus, Bruguières.
    Hab. Chagos.
138. Conus nussatella, Bruguières.
    Hab. Chagos.
139. Conus obscurus, Reeve.
    Hab. Chagos.
140. Conus panniculus, Lamarck.
    Hab. Chagos.
141. Conus pertusus, Bruguières.
    Hab. Chagos.
142. Conus planorbis, Born; vulpinus, Bruguières.
    Hab. Chagos.
143. Conus pulicarius, Bruguières.
    Hab. Chagos.
144. Conus pyramidalis, Lamarck.
    Hab. Chagos.
145. Conus quercinus, Bruguières.
    Hab. Diego-Garcia.
146. Conus rubescens, Bonnet; Revue zool., 1864, var.
    du Conus canonicus.
    Hab. Chagos.

147. Conus sponsalis, Bruguières.
Hab. Chagos.
148. Conus striatus, Linné.
Hab. Chagos.
149. Conus sugillatus, Reeve.
Hab. Chagos.
150. Conus telatus, Reeve.
Hab. Diego Garcia.
151. Conus tessellatus, Bruguières.
Hab. Chagos.
152. Conus tendineus, Bruguières.
Hab. Chagos.
153. Conus textile, Linné.
Hab. Chagos.
154. Conus terebellum, Bruguières.
Hab. Chagos.
155. Conus tenuistriatus, Sowerby.
Hab. Chagos.
156. Conus tigrinus, Sowerby.
Hab. Chagos.
157. Conus Timorensis, Bruguières.
Hab. Six-Iles, Diego-Garcia.
158. Conus tulipa, Linné.
Hab. Chagos.
159. Conus varius, Linné.
Hab. Chagos.
160. Conus vexillum; Bruguières.
Hab. Chagos.
161. Conus vermiculatus, Lamarck.
Hab. Chagos.
162. Conus virgo, Linné.
Hab. Chagos.

Genre DIBAPHUS, Philippi, 1847.

163. Dibaphus edentulus, Philippi.
Hab. Diego-Garcia.

Genre STROMBUS, Linné, 1740.

164. Strombus floridus, Lamarck; mutabilis, Swainson.
Hab. Chagos.
165. Strombus gibberulus et var., Linné.
Hab. Chagos.
166. Strombus lentiginosus, Linné.
Hab. Chagos.
167. Strombus Luhuanus, Linné.
Hab. Chagos.
168. Strombus Mauritianus, Lamarck; cylindraceus, Swainson.
Hab. Chagos.
169. Strombus tridentatus, Gmelin.
Hab. Chagos.

Genre PTEROCERA, Lamarck, 1799.

170. Pterocera aurantia, Lamarck.
Hab. Chagos.
171. Pterocera rugosum, Sowerby.
Hab. Chagos.
172. Pterocera scorpio, Linné.
Hab. Chagos.

Genre CYPRÆA, Linné, 1740.

173. Cypræa annulus, Linné.
Hab. Chagos.
174. Cypræa arabica et var., Linné.
Hab. Chagos.

175. Cypræa argus, Linné.
    Hab. Chagos.
176. Cypræa arabicula, Lamarck.
    Hab. Chagos.
177. Cypræa asellus, Linné.
    Hab. Chagos.
178. Cypræa atomaria, Gmelin ; punctata, Linné.
    Hab. Chagos.
179. Cypræa carneola et var., Linné.
    Hab. Chagos.
180. Cypræa caurica, Linné.
    Hab. Chagos.
181. Cypræa caput-serpentis, Linné.
    Hab. Chagos.
182. Cypræa camelopardalis, Perry; melanostoma, Leach.
    Hab. Chagos.
183. Cypræa cernica, Sowerby.
    Hab. Diego-Garcia.
184. Cypræa Childreni, Gray.
    Hab. Diego-Garcia.
185. Cypræa cicercula, Linné.
    Hab. Chagos.
186. Cypræa cribraria, Linné.
    Hab. Chagos.
187. Cypræa erones, Linné.
    Hab. Chagos.
188. Cypræa erosa et var., Linné.
    Hab. Chagos.
189. Cypræa globosus, Linné.
    Hab. Chagos.
190. Cypræa helvola, Linné.
    Hab. Chagos.
191. Cypræa hirundo, Linné.
    Hab. Chagos.

192. Cypræa histria, Gmelin ; reticulata, Martyns.
    Hab. Chagos.
193. Cypræa hordacea, Kiener ; insecta, Mighaels.
    Hab. Chagos.
194. Cypræa icterina, Lamarck.
    Hab. Diego-Garcia.
195. Cypræa isabella, Linné.
    Hab. Diego-Garcia.
196. Cypræa Lamarkii, Gray.
    Hab. Diego-Garcia.
197. Cypræa limacina et var., Lamarck.
    Hab. Chagos.
198. Cypræa Lienardi, Jousseaume, *Revue zool.*, 1874.
    Hab. Chagos.
199. Cypræa lynx, Linné.
    Hab. Chagos.
200. Cypræa mappa, Linné.
    Hab. Chagos.
201. Cypræa Mauritiana, Linné.
    Hab. Chagos.
202. Cypræa moneta, Lamarck.
    Hab. Chagos.
203. Cypræa nucleus et var., Linné.
    Hab. Chagos.
204. Cypræa onyx, Linné.
    Hab. Six-Iles.
205. Cypræa poraria, Linné.
    Hab. Chagos.
206. Cypræa puncturata, Gray.
    Hab. Chagos.
207. Cypræa scurra, Chemnitz.
    Hab. Diego-Garcia.
208. Cypræa staphylæa et var., Linné.
    Hab. Chagos.

209. Cypræa talpa, Linné.
Hab. Chagos.

210. Cypræa tabescens, Solander.
Hab. Chagos.

211. Cypræa tigris, Linné.
Hab. Chagos.

212. Cypræa turdus, Lamarck.
Hab. Diego-Garcia.

213. Cypræa undata, Lamarck.
Hab. Chagos.

214. Cypræa variolaria, Lamarck ; cruenta, Gmelin.
Hab. Diego-Garcia.

215. Cypræa vitellus, Linné.
Hab. Chagos.

Genre OVULA, Bruguières, 1789.

216. Ovula angulosa, Lamarck.
Hab. Six-Iles.

217. Ovula verrucosa, Lamarck.
Hab. Chagos.

Genre CERITHIUM, Bruguières, 1789.

218. Cerithium cedonuli, Sowerby.
Hab. Chagos.

219. Cerithium lineatum, Lamarck.
Hab. Chagos.

220. Cerithium polygonum, Sowerby.
Hab. Chagos.

Genre MODULUS, Gray, 1840.

221. Modulus obtusatus?
Hab. Chagos.

222. Modulus tectum, Gmelin.
Hab. Chagos.

Genre NERITA, Linné, 1753.

223. Nerita albicilla, Linné.
     Hab. Chagos.
224. Nerita histrio, Linné.
     Hab. Chagos.
225. Nerita plicata, Linné.
     Hab. Chagos.
226. Nerita polita, Linné.
     Hab. Chagos.
227. Nerita stella, Chemnitz.
     Hab. Chagos.

Genre TURBO, Linné, 1758.

228. Turbo histrio, Reeve.
     Hab. Chagos.
229. Turbo petholatus, Linné.
     Hab. Chagos.

Genre MELAMPUS, Montfort, 1810.

230. Melampus luteus, Quoy et Gaimard.
     Hab. Chagos.

ACÉPHALÉS.

Genre CHAMA, Bruguières, 1789.

231. Chama damæcornis, Lamarck.
     Hab. Chagos.
232. Chama lazarus, Linné.
     Hab. Chagos.
233. Chama macrophila, Chemnitz.
     Hab. Chagos.

Genre LUCINA, Bruguières, 1790.

234. Lucina tigrina, Linné.
Hab. Chagos.

Genre LITHODOMUS, Cuvier, 1817.

235. Lithodomus gracilis.
Hab. Chagos.
236. Lithodomus lithophagus, Linné.
Hab. Chagos.

Genre AVICULA, Lamarck, 1799.

237. Avicula crocata, Swainson.
Hab. Chagos.
238. Avicula crocea, Lamarck.
Hab. Chagos.

Genre MELEAGRINA, Lamarck.

239. Meleagrina margaritifera, Adams.
Hab. Chagos.

Genre PECTEN, Bruguières, 1789.

240. Pecten pallium, Linné.
Hab. Chagos.

Genre LIMA, Bruguières, 1792.

241. Lima squamosa, Lamarck.
Hab. Diego-Garcia.

Genre HOULETTE, PEDUM, Bruguières, 1792.

242. Pedum spondyloïdeum, Lamarck.
Hab. Diego-Garcia.

Genre SPONDYLUS, Lamarck, 1809.

243. Spondylus aurantius, Lamarck.
Hab. Chagos.
244. Spondylus longitudinalis, Lamarck.
Hab. Chagos.
245. Spondylus varians, Sowerby.
Hab. Diego-Garcia.

ILE RODRIGUES.

Genre TRITON.

1. Triton gemmatum, Reeve.
Hab. Rodrigues.

Genre BUCCINUM, Linné, 1767.

2. Buccinum olivaceum, Bruguières.
Hab. Rodrigues.
3. Buccinum Proteus, Reeve.
Hab. Rodrigues.
4. Buccinum undulosum, Linné.
Hab. Rodrigues.

Genre NASSA, Lamarck, 1799.

5. Nassa concinna, A. Adams.
Hab. Rodrigues.

Genre PURPURA.

6. Purpura hæmastoma, Lamarck.
   Hab. Rodrigues.
7. Purpura persica, Lamarck.
   Hab. Rodrigues.

Genre OLIVA, Bruguières, 1789.

8. Oliva tremulina, Lamarck.
   Hab. Rodrigues.

Genre HARPA, Lamarck, 1799.

9. Harpa imperialis, Lamarck.
   Hab. Rodrigues.
10. Harpa minor, Lamarck.
    Hab. Rodrigues.
11. Harpa ventricosa, Lamarck.
    Hab. Rodrigues.

Genre CASSIS, Lamarck, 1799.

12. Cassis areola, Bruguières.
    Hab. Rodrigues.
13. Cassis cornuta, Bruguières.
    Hab. Rodrigues.
14. Cassis rufa, Bruguières.
    Hab. Rodrigues.
15. Cassis vibex, Bruguières.
    Hab. Rodrigues.

Genre NATICA, Adanson, 1757.

16. Natica mamilla, Lamarck.
    Hab. Rodrigues.

Genre CONUS, Linné, 1758.

17. Conus capitaneus, Linné.
   Hab. Rodrigues.
18. Conus catus, Bruguières.
   Hab. Rodrigues.
19. Conus miliaris, Bruguières.
   Hab. Rodrigues.
20. Conus nussatella, Bruguières.
   Hab. Rodrigues.
21. Conus pulicarius, Bruguières.
   Hab. Rodrigues.
22. Conus striatus, Linné.
   Hab. Rodrigues.
23. Conus textile, Linné.
   Hab. Rodrigues.
24. Conus terebellum, Bruguières.
   Hab. Rodrigues.
25. Conus vexillum, Bruguières.
   Hab. Rodrigues.

Genre STROMBUS, Linné, 1740.

26. Strombus gibberulus et var., Linné.
   Hab. Rodrigues.
27. Strombus Luhuanus, Linné.
   Hab. Rodrigues.
28. Strombus Mauritianus, Lamarck.
   Hab. Rodrigues.

Genre CYPRÆA, Linné, 1740.

29. Cypræa argus, Linné.
   Hab. Rodrigues.
30. Cypræa arabicula, Lamarck.
   Hab. Seychelles.

31. Cypræa asellus, Linné.
    Hab. Seychelles.
32. Cypræa caurica, Linné.
    Hab. Seychelles.
33. Cypræa cribraria, Linné.
    Hab. Rodrigues.
34. Cypræa globosus, Linné.
    Hab. Seychelles.
35. Cypræa lynx, Linné.
    Hab. Seychelles.
36. Cypræa moneta, Lamarck.
    Hab. Rodrigues.
37. Cypræa ocellata, Linné.
    Hab. Rodrigues.
38. Cypræa scurra, Chemnitz.
    Hab. Rodrigues.
39. Cypræa staphylæa et var., Linné.
    Hab. Rodrigues.
40. Cypræa tigris, Linné.
    Hab. Rodrigues.
41. Cypræa ursellus, Gmelin.
    Hab. Rodrigues.

Genre NERITA, Linné, 1758.

42. Nerita plicata, Linné.
    Hab. Rodrigues.
43. Nerita polita, Linné.
    Hab. Rodrigues.

Genre CYCLOSTOMA, Lamarck, 1799.

44. Cyclostoma filosum et var., Beechey.
    Hab. Rodrigues.

ACÉPHALÉS.

Genre TRIDACNA, Bruguières.

45. Tridacna elongata, Lamarck.
   Hab. Rodrigues.

ILE ET BANC DE CARGADOS

OU SAINT-BRANDON.

Genre NASSA.

1. Nassa marginulatum, Lamarck.
   Hab. Cargados.
2. Nassa miga et var., Adanson.
   Hab. Cargados.

Genre VOLUTA, Lamarck, 1802.

3. Voluta anna, Lesson, costata, Swainson.
   Hab. Cargados.

Genre MITRA.

4. Mitra floccata, Reeve.
   Hab. Cargados.
5. Mitra ornata, A. Adams.
   Hab. Cargados.
6. Mitra papalis, Linné.
   Hab. Cargados.

7. Mitra paupercula, Linné.
    Hab. Cargados.
8. Mitra rosinæ, Reeve, tessellata, Swainson, ornata, Kiener.
    Hab. Cargados.
9. Mitra terebralis, Lamarck.
    Hab. Cargados.

Genre COLUMBELLA, Lamarck, 1799.

10. Columbella flammea, Pease.
    Hab. Cargados.
11. Columbella nana, Michaud, varians Sowerby.
    Hab. Cargados.
12. Columbella scripta, Lamarck.
    Hab. Cargados.
13. Columbella tessellata, Gaskoin.
    Hab. Cargados.
14. Columbella tringa, Duclos.
    Hab. Cargados.
15. Columbella turturina, Lamarck.
    Hab. Cargados.
16. Columbella undata et var., Duclos.
    Hab. Cargados.

Genre HARPA, Lamark, 1799.

17. Harpa minor, Lamarck.
    Hab. Cargados.
18. Harpa ventricosa, Lamarck.
    Hab. Cargados.

Genre CASSIS, Lamarck, 1799.

19. Cassis aureola, Bruguières.
    Hab. Cargados.

20. Casis cornuta, Bruguières.
  Hab. Cargados.
21. Cassis exarata, Reeve.
  Hab. Cargados.
22. Cassis plicaria, Lamarck.
  Hab. Cargados.
23. Cassis rufa, Bruguières.
  Hab. Cargados.
24. Cassis vibex, Bruguières.
  Hab. Cargados.

Genre DOLIUM, Lamarck, 1801.

25. Dolium pomum, Lamarck.
  Hab. Cargados.
26. Dolium perdix, Lamarck.
  Hab. Cargados.

Genre FICUS, Rousseau, 1846.

27. Ficus ficoides, Lamarck.
  Hab. Cargados.

Genre NATICA, Adanson, 1757.

28. Natica columnaris, Reeve.
  Hab. Cargados.
29. Natica mamilla, Lamarck.
  Hab. Cargados.

Genre SCALARIA, Lamarck, 1801.

30. Scalaria alata, Swerby.
  Hab. Cargados.
31. Scalaria lineolata, Kiener.
  Hab. Cargados.
32. Scalaria monocycla, Lamarck.
  Hab. Cargados.

Genre CONUS, Linné, 1757.

33. Conus capitaneus, Linné.
Hab. Cargados.
34. Conus catus, Bruguières.
Hab. Cargados.
35. Conus Caillaudi, Kiener.
Hab. Cargados.
36. Conus cernicus, H. Adams.
Hab. Cargados.
37. Conus gubernator, Bruguières.
Hab. Cargados.
38. Conus miliaris, Bruguières.
Hab. Cargados.
39. Conus miles, Linné.
Hab. Cargados.
40. Conus minimus, Linné.
Hab. Cargados.
41. Conus nussatella, Bruguières.
Hab. Cargados.
42. Conus omaria, Bruguières.
Hab. Cargados.
43. Conus pigmentatus, Adams et Reeve.
Hab. Cargados.
44. Conus pulicarius, Bruguières.
Hab. Cargados.
45. Conus scriptus, Sowerby.
Hab. Cargados.
46. Conus striatus, Linné.
Hab. Cargados.
47. Conus sugillatus, Reeve.
Hab. Cargados.
48. Conus textile, Linné.
Hab. Cargados.

49. Conus terebellum, Bruguières.
    Hab. Cargados.
50. Conus Timorensis, Bruguières.
    Hab. Cargados.
51. Conus unicolor, Sowerby.
    Hab. Cargados.
52. Conus vexillum, Bruguières.
    Hab. Cargados.
53. Conus verriculum, Reeve.
    Hab. Cargados.
54. Conus vermiculatus, Lamarck.
    Hab. Cargados.

Genre STROMBUS, d'Orbigny.

55. Strombus columba, Lamarck.
    Hab. Cargados.
56. Strombus floridus, Lamarck ; mutabilis, Swainson.
    Hab. Cargados.
57. Strombus gibberulus et var., Linné.
    Hab. Cargados.
58. Strombus lentiginosus, Linné.
    Hab. Cargados.
59. Strombus Luhuanus.
    Hab. Cargados.

Genre PTEROCERA, Lamarck, 1799.

60. Pterocera multipes, Chemnitz ; violacea, Swainson.
    Hab. Cargados.

Genre TEREBELLUM, Lamarck, 1809.

61. Terebellum subulatum, Lamarck.
    Hab. Cargados.

Genre CYPRÆA, Linné, 1740.

62. Cypræa achatina, Solander ; ventriculus, Lamarck.
Hab. Cargados.

63. Cypræa atomaria, Gmelin ; punctata, Linné.
Hab. Cargados.

64. Cypræa Australis, Lamarck.
Hab. Cargados.

65. Cypræa felina, Gmelin ; fabula, Kiener.
Hab. Cargados.

66. Cypræa globosus, Linné.
Hab. Cargados.

67. Cypræa helvola, Linné.
Hab. Cargados.

68. Cypræa hirundo, Linné.
Hab. Cargados.

69. Cypræa hordacea, Kiener ; insecta, Mighaels.
Hab. Cargados.

70. Cypræa moneta, Lamarck.
Hab. Cargados.

71. Cypræa ocellata, Linné.
Hab. Cargados.

72. Cypræa scurra, Chemnitz.
Hab. Cargados.

73. Cypræa talpa, Linné.
Hab. Cargados.

74. Cypræa tigris, Linné.
Hab. Cargados.

75. Cypræa ursellus, Gmelin.
Hab. Cargados.

Genre OVULA, Bruguières, 1789.

76. Ovula obtusum, Sowerby.
Hab. Cargados.

77. Ovula verrucosa, Lamarck.
    Hab. Cargados.
78. Cerithium procerum, Kiener.
    Hab. Cargados.

Genre NERITA, Linné, 1758.

79. Nerita plicata, Linné.
    Hab. Cargados.
80. Nerita polita, Linné.
    Hab. Cargados.

Genre CHITON, Linné, 1758.

81. Chiton — ? —
    Hab. Cargados.
82. Chiton — ? —
    Hab. Cargados.

ACÉPHALÉS.

Genre VENUS, Linné, 1758.

83. Venus toreuma, ?
    Hab. Cargados.

Genre CYTHEREA.

84. Cytherea rubiginosa, Philippi; dispar, Chemnitz.
    Hab. Cargados.

Genre CARDIUM, Linné, 1758.

85. Cardium pulchrum, Reeve.
    Hab. Cargados.
86. Cardium leucostoma, Born.
    Hab. Cargados.

Genre CHAMA, Bruguières, 1789.

87. Chama — ? —
Hab. Cargados.
88. Chama — ? —
Hab. Maurice.

Genre PINNA, Linné, 1758.

89. Pinna Kraussii, Hanley.
Hab. Cargados.

Genre PECTEN, Bruguières, 1789.

90. Pecten irregularis, Sowerby.
Hab. Cargados.

Genre SPONDYLUS, Lamarck, 1809.|

91. Spondylus coccineus, Lamarck.
Hab. Cargados.

Genre ALECTRYONIA, Fischer et Waldheim, 1828.

92. Alectryonia limacella, Lamarck.
Hab. Cargados.

FIN.

TABLE ALPHABÉTIQUE.

FIN DE LA TABLE ALPHABÉTIQUE.

PARIS. — IMPRIMERIE DE MADAME VEUVE BOUCHARD-HUZARD,
JULES TREMBLAY, GENDRE ET SUCCESSEUR, RUE DE L'ÉPERON, 5.

www.ingramcontent.com/pod-product-compliance
Ingram Content Group UK Ltd.
Pitfield, Milton Keynes, MK11 3LW, UK
UKHW020308130726
13696UKWH00003B/936